高等院校“十三五”规划教材（实验实训系列）
应用技术型“业财融合”系列教材

U0848674

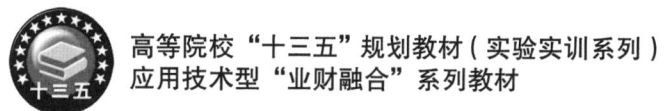

基础会计实训（第二版）（配账簿）

李　梅／主　编

高晓华　邵　丽　耿红玉　伊永莉　杨　帆／副主编

立信会计出版社
LIXIN ACCOUNTING PUBLISHING HOUSE

图书在版编目(CIP)数据

基础会计实训 / 李梅主编. —2 版. —上海：立信会计出版社，2023.6
ISBN 978 - 7 - 5429 - 7340 - 5

Ⅰ. ①基… Ⅱ. ①李… Ⅲ. ①会计学 Ⅳ. ①F230

中国国家版本馆 CIP 数据核字(2023)第 082669 号

策划编辑　郭　光
责任编辑　郭　光
助理编辑　窦乔伊
美术编辑　吴博闻

基础会计实训(第二版)

JICHU KUAIJI SHIXUN

出版发行　立信会计出版社
地　　址　上海市中山西路 2230 号　　邮政编码　200235
电　　话　(021)64411389　　传　　真　(021)64411325
网　　址　www.lixinaph.com　　电子邮箱　lixinaph2019@126.com
网上书店　http://lixin.jd.com　　http://lxkjcbs.tmall.com
经　　销　各地新华书店

印　　刷　浙江天地海印刷有限公司
开　　本　787 毫米×1092 毫米　1/16
印　　张　22.5
字　　数　410 千字
版　　次　2023 年 6 月 第 2 版
印　　次　2023 年 6 月 第 1 次
书　　号　ISBN 978 - 7 - 5429 - 7340 - 5/F
定　　价　49.80 元

第二版前言

本书从会计岗位具体要求出发，融合了“互联网+”技术，帮助学生掌握基本的专业实践技能。本书按照“项目导向，任务驱动”的教学思路，以同一家工业企业的业务发展为主线，逐步推进，设计企业日常经济业务。本书依据会计岗位核算流程设置“走进企业”“单项实训”和“综合实训”三个项目。

本书具有以下特色：

(1) 凸显时效性与灵活性。本书成稿于2023年3月，以最新的财税法规为依据，具有较强的时效性。学生学习本书，可以按照出纳、会计、财务主管三个岗位设置任务，分岗位协作完成，也可以一人独立完成。实训方案可灵活多样。

(2) 凸显仿真性与可操作性。本书的经济业务设置、工作流程以及账、证、表资料都来源于真实的企业，充分满足应用型院校会计专业及其他相关专业基础会计实训课程的需要。本书既可以作为基础会计课程的配套教材，又能够单独使用，是初入社会的“职场小白”快速胜任会计岗位的好帮手。

(3) 体现最新教学理念。本书以党的二十大精神为指引，遵循最新教育教学理念，不但将管理会计、内部控制等理念融入实训任务，还注重将课程思政元素融入课堂的实训内容设计，深度挖掘会计实训类教材蕴含的思想政治教育资源，将思政教育融于实训教学中，以培养新时代高技能人才。

本书由李梅担任主编，她具有多年企业会计工作经历和财会教学经验、多次指导学生参加山东省技能大赛；由高晓华、邵丽、耿红玉、伊永莉、杨帆担任副主编。在编写过程中，本书与潍坊奇正商务资讯有限公司校企合作开发，同时得到立信会计出版社郭光编辑的大力支持，在此表示诚挚谢意！

欢迎各院校师生和会计初学者使用本书并提出宝贵意见和建议，我们将不胜感激！

编　者

2023 年 3 月

目　　录

项目一　走 进 企 业

【能力目标】

➢ 专业能力

◆ 熟悉企业的基本信息，能够填制企业基本信息表

◆ 明确企业的部门设置及职责，能够准确判断经济业务发生应记入的会计科目

◆ 明确企业原材料采购、产成品生产流程，能够准确判断存货流转应记入的会计科目

◆ 明确企业基本存款账户和一般存款账户的开户行，能够准确判断涉及银行账户的经济业务发生的所在银行，以及应记入的会计科目

◆ 明确企业的印章管理制度，能够准确判断经济业务所需印章及印章管理岗位

◆ 明确企业执行的会计准则，能够判断经济业务发生的会计核算依据

◆ 明确企业的账务处理程序，能够准确进行月末的总账登记

◆ 明确企业现金的支付范围及总经理的签批权限，能够准确执行公司的财务管理制度

◆ 明确企业利息收入以及个人承担社会保险、住房公积金的会计科目

◆ 明确企业制造费用的分配标准、存货发出的计价方法、固定资产的折旧方法，能够准确计算产品的成本以及固定资产的折旧金额

◆ 明确企业固定资产的范围，能够准确判断企业所购物资的归属及所应记入的会计科目

◆ 掌握原始凭证的有效性、报销单的填写及票据的粘贴要求，能够准确回答报销人员在费用报销中的问题

➢ 方法能力

◆ 掌握总账的登记方法，能够采用不同的账务处理程序登记总账

◆ 掌握制造费用的分配方法，能够正确对企业的制造费用进行分配

◆ 掌握存货发出的计价方法，能够正确计算企业原材料的发出成本以及产成品的出库成本

◆ 掌握固定资产的折旧方法，能够正确计算和分配企业固定资产的折旧金额

◆ 掌握票据的粘贴方法和报销单的填制方法，能够规范地粘贴票据并对报销单予以正确审核

➢ 社会能力

◆ 具有正确的世界观、人生观、价值观

◆ 具有良好的职业道德和职业素养

◆ 具有良好的身心素质和人文素养

◆ 具有积极的团队合作精神，较好的语言表达、会计职业沟通和协调能力

◆ 具有终身学习的能力

【项目描述】

本项目基本框架如图 1-1 所示。

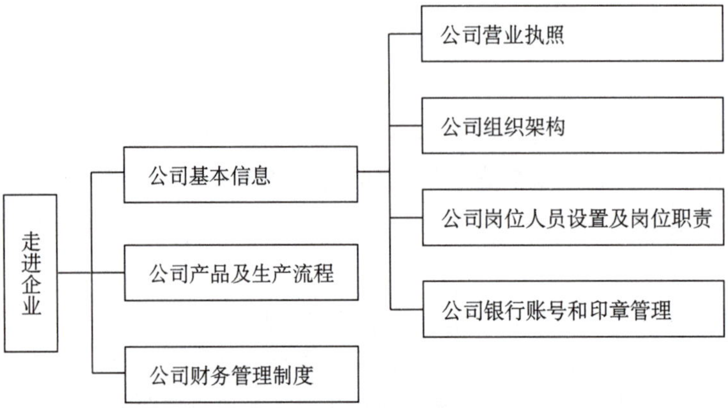

图 1-1　项目基本框架

【工作流程】

一名企业财务部门的新员工，需经过办理入职手续、岗前培训等一系列流程后才能上岗就职，具体流程及培训内容如图 1-2 所示。

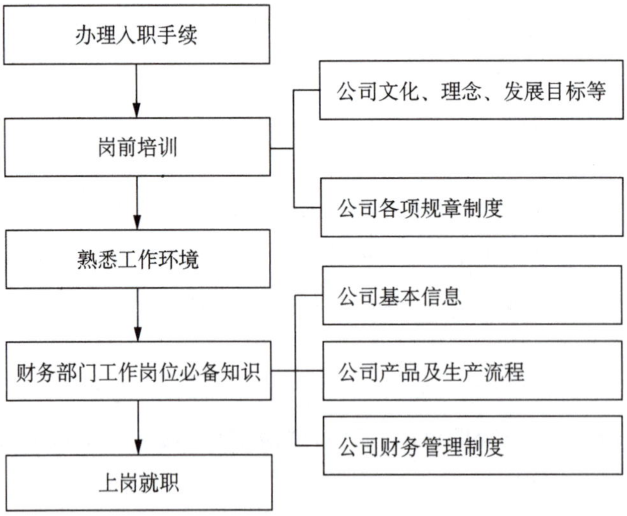

图 1-2　新员工入职流程及培训内容

【真操实练】

资料:2023 年 1 月 31 日,某大学一年级会计专业学生李平在学习完“会计基础”课程后来到山东天海有限责任公司见习。财务部经理张宇接待了她。李平首先熟悉了公司工作环境,其次参加了为期 3 天的岗前培训,培训内容包括:一是认真学习和领会党的二十大精神,广大青年要坚定不移听党话、跟党走,怀抱梦想又脚踏实地,敢想敢为又善作善成,立志做有理想、敢担当、能吃苦、肯奋斗的新时代好青年。二是学习公司的各项规章制度。

一、公司基本信息

(一) 公司营业执照

公司营业执照如图 1-3 所示。

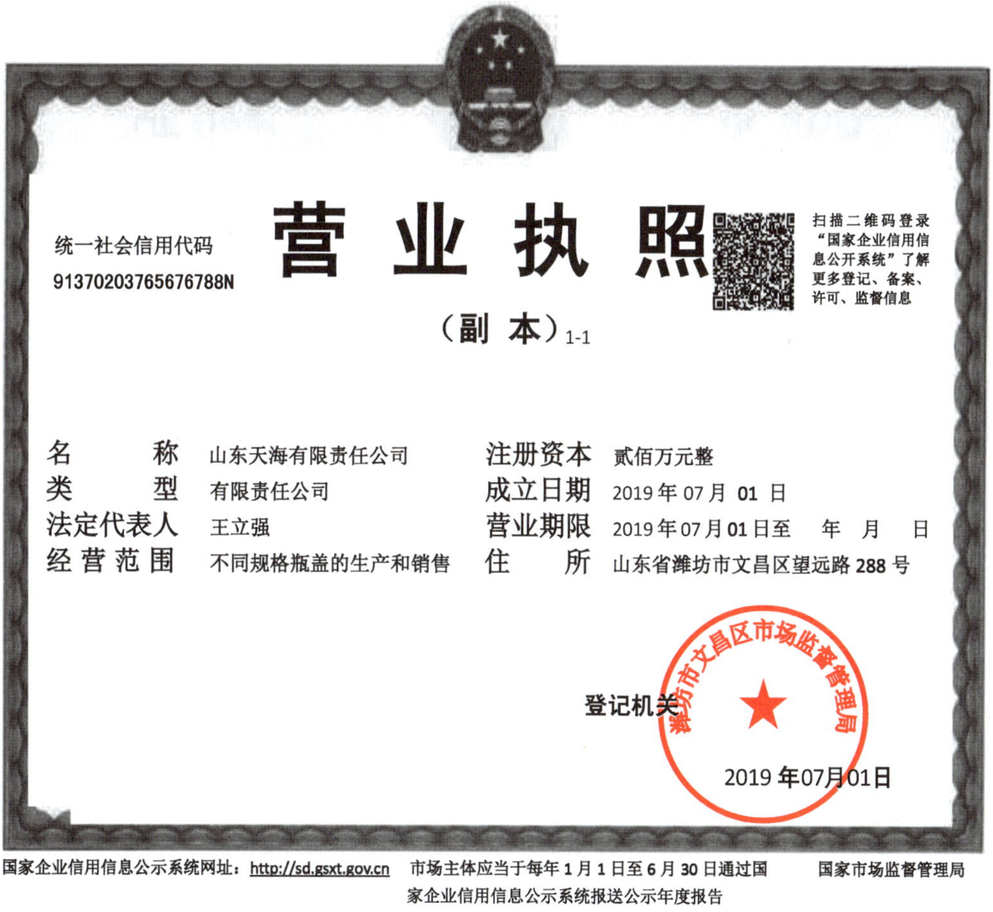
统一社会信用代码 91370203765676788N

营业执照

(副本) 1-1

扫描二维码登录“国家企业信用信息公开系统”了解更多登记、备案、许可、监督信息

名称	山东天海有限责任公司	注册资本	贰佰万元整
类型	有限责任公司	成立日期	2019 年 07 月 01 日
法定代表人	王立强	营业期限	2019 年 07 月 01 日至 年 月 日
经营范围	不同规格瓶盖的生产和销售	住所	山东省潍坊市文昌区望远路 288 号

登记机关 潍坊市文昌区市场监督管理局

2019 年 07 月 01 日

国家企业信用信息公示系统网址:http://sd.gsxt.gov.cn 市场主体应当于每年 1 月 1 日至 6 月 30 日通过国家企业信用信息公示系统报送公示年度报告 国家市场监督管理局

图 1-3 公司营业执照

(二) 公司组织架构

公司组织架构如图 1-4 所示。

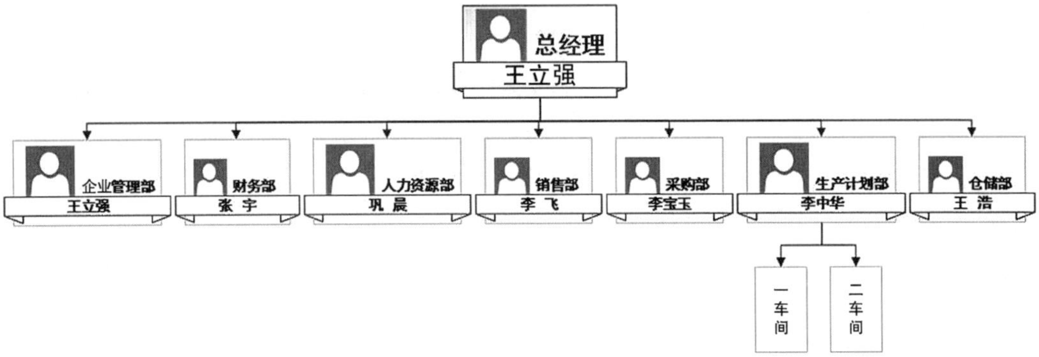

图 1-4 公司组织架构

(三) 公司岗位人员设置及岗位职责

公司岗位人员设置及岗位职责如表 1-1 所示。

表 1-1 公司岗位人员设置及岗位职责表

部门	岗位名称	姓名	性别	职责	入职时间
企业管理部	总经理	王立强	男	组织实施公司年度工作计划、财务预算及利润分配;组织公司日常经营管理活动,签署有关协议、合同、合约和处理有关事宜;决定组织体制和人事编制、决定公司各职能部门和部门经理以及管理人员的任免、奖罚;建立健全统一、高效的组织体系和工作体系	2019 年 07 月 01 日
	行政助理	王 群	女	协助总经理协调各部门工作;协助审核修订公司各项管理制度;公司证照的办理、年检、印章(公章和合同章)的管理;负责办公用品的采购和分发;负责公司资产的管理	2019 年 07 月 01 日
销售部	销售经理	李 飞	男	负责制订营销目标和计划;负责销售费用的预算和控制;负责销售管理制度的拟定、实施和改善;负责部门员工的管理	2019 年 07 月 01 日
	销售员	王 辉	男	负责制订销售工作计划;签订销售合同;负责销售合同的履行与管理;维护客户关系	2019 年 07 月 01 日
生产计划部	生产计划经理(车间主任)	李中华	男	制定生产管理制度,并监督执行;组织、协调原材料供应工作;做好员工的培训、考核工作	2019 年 07 月 01 日
	车间管理员	王南南	女	负责材料的领取和退库;对生产中物料的使用情况进行跟踪和控制;按时收集、填报车间生产报表	2019 年 07 月 01 日
	生产工人			负责产品生产(分一车间和二车间,每车间 25 人)	2019 年 07 月 01 日

（续表）

部门	岗位名称	姓名	性别	职责	入职时间
仓储部	仓储经理	王　浩	男	督促仓库管理员对物料收发存的管理，登记管理库存台账；监督盘点清查；优化库存方案，加快存货周转速度；设计推行仓储管理制度；做好本部门员工的培训和考核工作	2019年07月01日
	仓管员	韩雪雪	女	执行仓库的保管、验收、入库、出库等日常工作；安排物料的存放；负责仓库的安全；定期对仓库进行物料盘点	2019年07月01日
采购部	采购经理	李宝玉	男	制订采购计划和目标；审核监督采购合同的执行；解决与供应商的分歧；负责本部门人员的培训和考核	2019年07月01日
	采购员	史　帅	男	收集供应商信息，开发和考核供应商；制定采购合同，跟踪采购合同；做好物料货款和采购费用申请和支付工作；掌握物料的存放和需求情况	2019年07月01日
人力资源部	人力资源经理	巩　晨	女	建立人力资源管理制度；制订招聘、培训计划；制定公司考核制度，定期进行员工考核；做好部门内的组织、管理和协调工作	2019年07月01日
	人力资源助理	王　琳	女	筛选简历，安排面试；做好员工的考勤和汇总；办理"五险一金"的缴纳工作；提供员工工资薪酬汇总表给财务部；负责员工入职、调动和离职手续办理	2019年07月01日
财务部	财务经理	张　宇	女	负责财务部门人员的管理、月度和年度考核；负责费用资金的审核；负责财务管理制度的修订；负责会计凭证的审核；负责登记账簿及编制报表；负责财务专用章的管理；负责会计档案的管理；负责经济合同的审核以及公司内部各部门之间的相互沟通协调	2019年07月01日
	会计	于　林	女	负责原始凭证的审核，记账凭证的填制；负责发票的管理和开具；负责纳税申报，发票专用章的管理；负责银行对账单的领取和银行余额调节表的编制；负责相关资产的监督；负责公司资产的年度清查	2019年07月01日
	出纳	王　鑫	女	负责货币资金的收付业务及日记账的登记；法人章的管理；负责有价证券、空白收据、支票、商业汇票等凭证、票据的保管工作	2019年07月01日

（四）公司银行账户和印章管理

公司基本存款账户信息：

开户银行：中国工商银行潍坊望远路支行

账号：6222021607024268206

电话：0536-2600888

公司一般存款账户信息：

开户银行:交通银行潍坊胜利支行

账号:6222601050000786789

电话:0536-2600888

公司印章模板及保管岗位如表 1-2 所示。

表 1-2　公司印章模板及保管岗位表

印章名称	印章模板	保管岗位
法人章		出纳
公章		行政助理
合同专用章		行政助理
财务专用章		财务经理
发票专用章		会计

备注:(1) 法人章和财务专用章为银行预留印鉴。

(2) 企业实际使用印章大小均按照国家规定制作使用。

二、公司产品及生产流程

公司目前的产品为1号瓶盖(14厘米)和2号瓶盖(16厘米),分别由一车间和二车间生产,车间实现从生产到包装的全部过程。主要原材料为:马口铁、PVC树脂、白色油墨、蓝色油墨、黄色油墨、红色油墨。公司生产流程如图1-5所示。

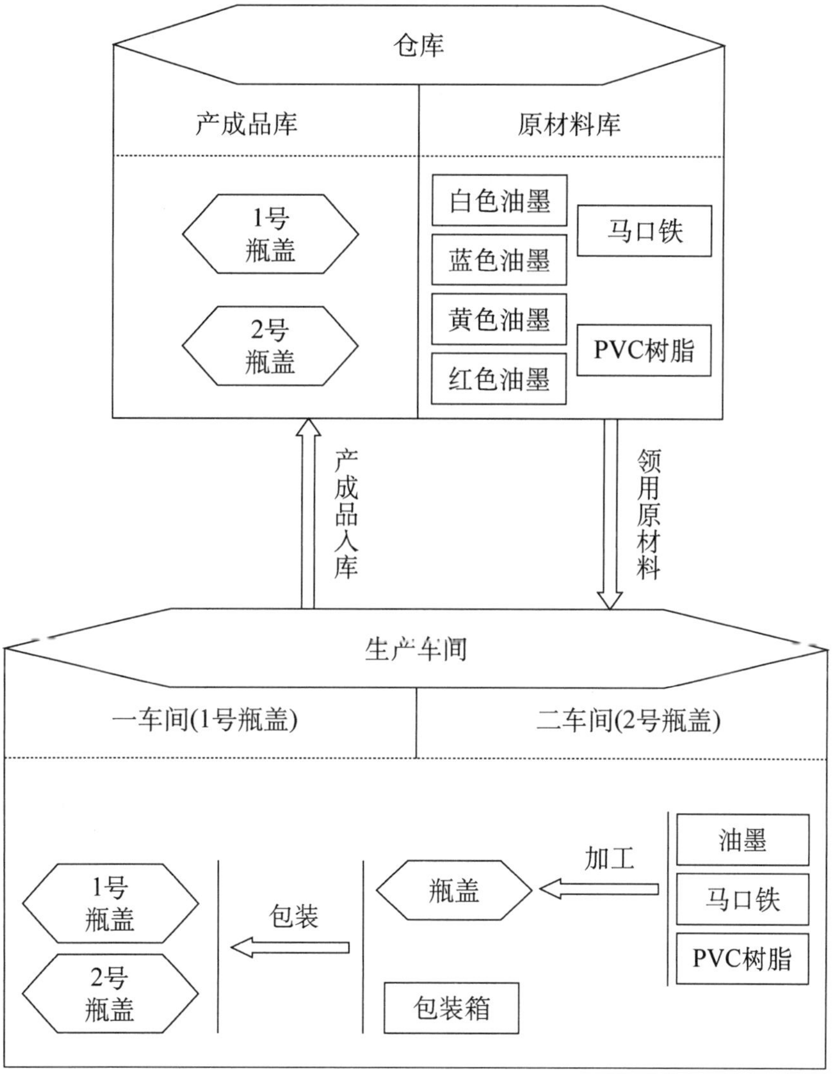

图1-5　公司生产流程图

三、公司财务管理制度

以下是公司财务管理制度文件。

Tianhai 山东天海有限责任公司文件

财务管理制度

第一章　总　则

为规范公司会计核算、强化会计监督、提高会计信息质量、保证公司资产完整、减少公司财务风险，根据《中华人民共和国会计法》《企业会计准则》《企业内部控制基本规范》及有关财经、税收法律制度，结合本公司实际情况，制定本公司财务管理制度。

第二章　会计工作组织及制度

一、本公司执行《企业会计准则》。本制度中未列明的公司业务会计事项处理，以《企业会计准则》为准。

二、公司记账本位币为人民币。

三、公司记账凭证采用通用记账凭证类型，凭证按月连续编号。采用科目汇总表账务处理程序，每月月末汇总一次，并根据科目汇总表登记总账。月末、年末均需编制资产负债表、利润表。

四、每月15日前，会计计算上期税款并进行纳税申报。公司为增值税一般纳税人，涉及的税种有：增值税、城市维护建设税、教育费附加、地方教育附加、企业所得税，其中增值税税率为13%，城市维护建设税税率为7%，教育费附加税率为3%，地方教育附加税率为2%，企业所得税税率为25%（其他税种不考虑）。企业所得税缴纳采用分月按实际利润额预缴、年度汇算清缴方式。

五、会计档案管理。

（1）财务部负责本公司会计档案的管理工作。

（2）财务部按照规定进行会计档案的装订及整理。会计档案要按要求设置归档登记簿、档案目录登记簿和档案借阅登记簿，严防毁坏、损失、散失和泄密。

（3）会计档案一般不得查阅。单位内部人员借阅会计档案时，须经财务经理同意，并登记档案借阅人姓名、部门、日期、数量、内容、归还时间等情况。

（4）会计档案不得外借。特殊情况下，须经总经理、财务经理批准，方可复印查阅。

六、会计工作交接制度。

（1）会计人员工作调动或者因故离职，必须将本人所经管的会计工作全部移交给接替人员，没有完成交接手续的不得调动或离职，已经离职的暂不支付未付工资，待手续完备后补发。

(2) 整理应该移交的各项资料，对未了事项和遗留问题要做出书面说明并编制移交清册，列明移交凭证、账簿、会计报表、公章、现金、有价证券、支票等其他会计资料和物品等内容以及相关的密码。

(3) 财务经理移交工作时，应由公司总经理监督交接。

第三章 货币资金核算与管理

一、公司账户不得外借或借用他人账户办理公司业务。除基本存款账户，为方便业务开展，公司可开立一般存款账户。

二、公司已开通网银付款业务，超过1 000元的支出必须使用银行转账，不得使用现金支付。网银支付款项必须由会计提交付款手续，财务经理审批无误后才能划款。

三、员工费用报销1万元以上须经总经理签批。

四、员工因公借款，须经总经理审批。因公业务完毕后5个工作日内结清，未结清的借款从员工当月工资扣还。

五、出纳每日结清款项、登记日记账，并进行核对，会计每月对货币资金监盘一次。

六、会计每月领取银行对账单，编制银行存款余额调节表。

七、企业银行存款产生的利息收入在“财务费用”账户的贷方登记，不以负数在借方登记。

第四章 职工薪酬核算与管理

一、公司员工工资由基本工资、岗位津贴和奖金构成。迟到、早退每次扣30元；旷工1日，扣发3日工资；病假发放该日工资的50%；事假为非带薪假期，扣罚全部日工资；婚假、丧假、产假、年休假为带薪假，发放全额日工资。日工资的计算根据全月工资除以当月实际应在岗天数。

二、员工考勤管理由人力资源部负责。

三、公司按照国家规定，以每位员工的基本工资和岗位津贴之和为基数缴纳社会保险和住房公积金。其中单位按照一定比例承担的保险有：养老、医疗、失业、工伤、生育；个人按照一定比例承担的保险有：养老、医疗、失业。由个人承担的社会保险费和住房公积金月末无须转入“其他应付款”账户核算，而在缴纳时直接从“应付职工薪酬——短期薪酬(工资)”明细账中冲销。

四、每月3日前，人力资源部计算上月员工薪酬，并提交各部门工资薪酬汇总表给财务部，由财务部负责入账。

五、公司按照国家规定为员工代扣代缴个人所得税。

第五章 存货管理与成本核算

一、材料购进采用实际成本法核算，包装箱随同商品出售不单独计价。材料发出采用先进先出法，产品发出按月末一次加权平均法计算，单位成本计算采用四舍五入法，并保留2位小数。

二、公司采用品种法计算产品成本，成本项目包括直接材料、直接人工和制造费用。直接材料根据仓库转来的《原材料出库单》入账，直接人工根据人力资源部转来的各部门人员工资薪酬汇总表入账，制造费用按生产工时比例法进行分配。

三、仓储部每月应对其管理的材料进行逐一核对，保证账实相符，年末应配合财务部做好材料的清查工作。

第六章　固定资产核算与管理

一、固定资产包括房屋及建筑物、机械设备、运输设备、电子设备、办公设备和其他设备。根据重要性原则，公司将使用期限在 2 年以下、不具有生产性、金额低于 2 000 元的资产一次性作为费用计入当期损益，各使用部门作为周转材料管理。

二、固定资产入账须经使用部门确认验收，凡验收不合格的固定资产，财务部门不予支付。

三、固定资产发生部门之间转移须由移出部门填写《固定资产转移单》，经总经理审批后，由使用部门验收方可转移。

四、固定资产的管理由各使用部门负责，并于每年 12 月底前与企业管理部固定资产管理人定期核对。年末，使用部门、资产管理部会同财务部对固定资产进行财产清查。

五、固定资产采用年限平均法计提折旧，净残值率为 4%，固定资产折旧方法、折旧年限和净残值率与税法规定一致。

第七章　销售与收款管理

一、销售部负责开拓市场和货款回收。

二、财务部每半年与客户通过信函、电邮核对应收账款，并协同销售人员共同催收货款。

三、销售发货及收款结算业务流程如图 1-6、图 1-7 所示。

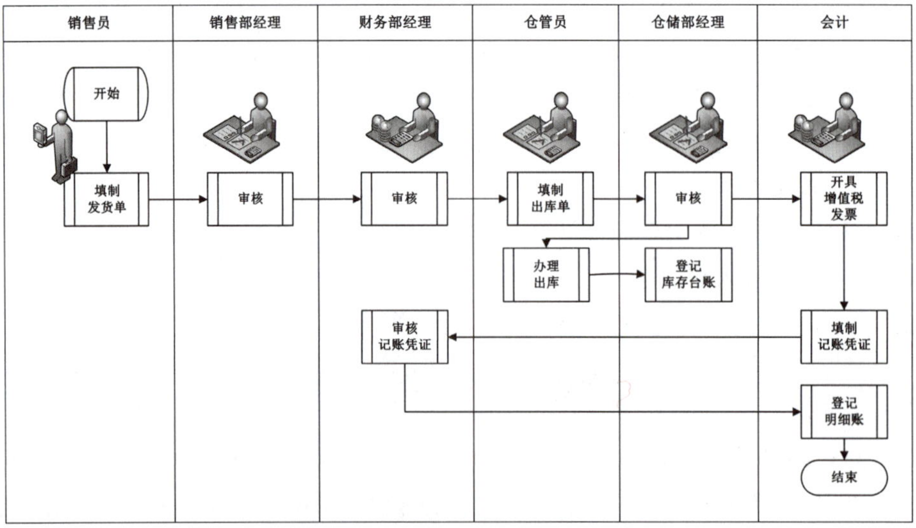

图 1-6　销售发货业务流程图

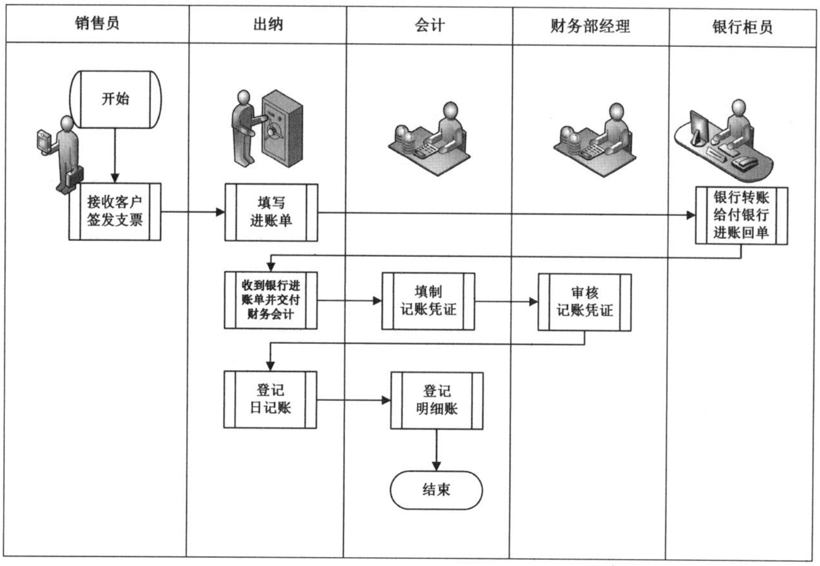

图 1-7　销售收款(支票)结算业务流程图

第八章　采购与付款管理

一、采购部负责原材料的采购与付款。

二、采购部需建立供应商档案，对供应商的信用进行考核，对采购金额在 30 万元以上的物资，应采用公开招标的方式进行。

三、财务部每半年与供应商通过信函核对应付账款，应积极配合各供应商通过信函、电邮等方式进行往来款项的核对，对到期款项协调采购部及时付款。

四、原材料的采购和付款流程如图 1-8、图 1-9 所示。

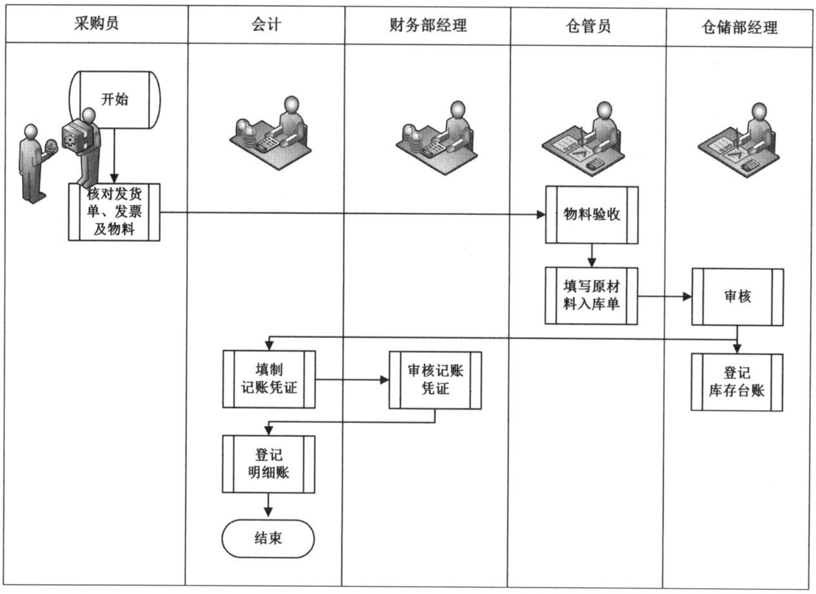

图 1-8　原材料采购流程图

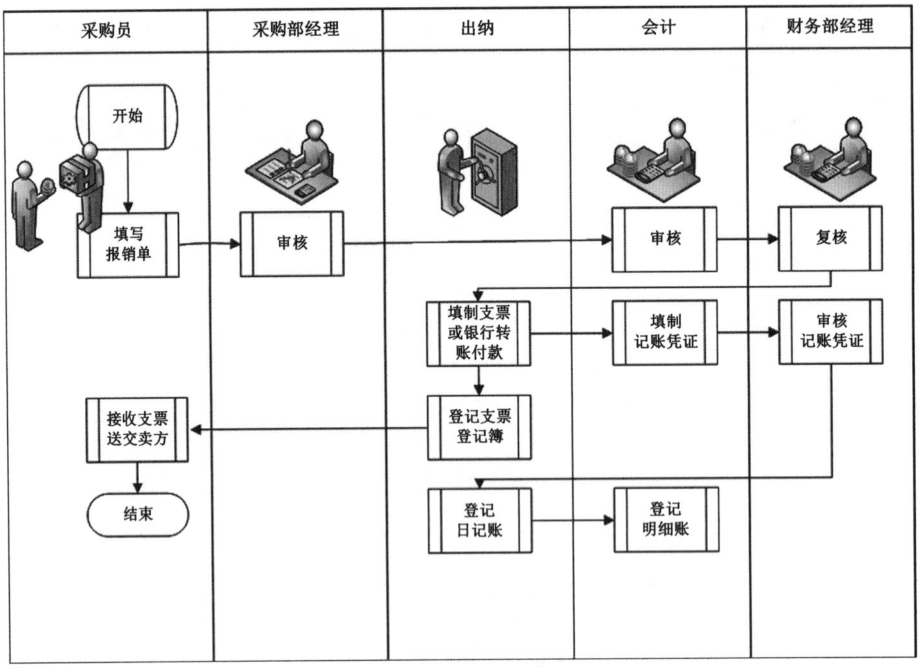

图 1-9 原材料付款流程图

第九章 费用报销管理

一、公司的费用主要包括办公费、业务招待费、差旅费、水电费、培训费和广告费等。

二、差旅费报销规定：

差旅费是指企业工作人员到所在市城区以外地区公务出差所发生的费用，其开支范围包括城市间交通费、住宿费和伙食费。以上所有费用必须取得合规发票，据实报销。

(1) 城市间交通费是指企业工作人员因公到所在市城区以外地区出差所乘火车、轮船、飞机等交通工具所发生的费用。部门经理及总经理可乘坐轮船二等舱、飞机经济舱、软席高铁、动车一等座、全列软席列车一等座。其他员工只可乘坐轮船三等舱、硬席高铁、动车二等座、全列软席列车二等座。未按规定乘坐交通工具的，超出部分由个人自理。

(2) 住宿费是指工作人员因公出差期间入住宾馆(包括饭店、招待所)发生的房租费用。北京、上海、广州每间每天不超过 450 元，其他城市每间每天不超过 350 元。

(3) 伙食费是指企业工作人员因公出差期间的就餐费用。每人每天不超过 100 元，出差人员应当自行用餐，凡由接待单位统一安排就餐的，不予报销。

费用报销流程如图 1-10 所示。

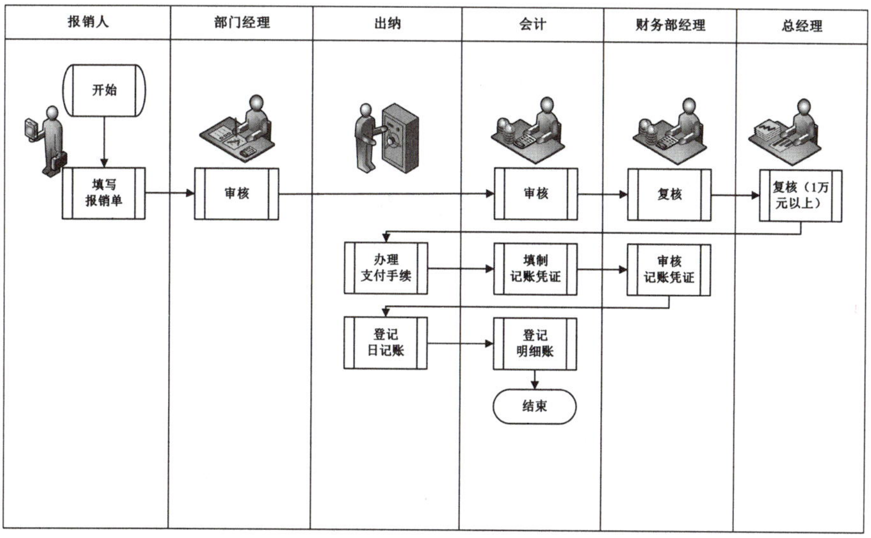

图 1-10　费用报销流程图

第十章　凭单的取得、填制及粘贴要求

一、原始凭证有效性的规定：

1. 报销人应取得真实合法的原始凭证。

(1) 同时印有国家税务局监制章和发票专用章的有效发票。

(2) 财政机关批准并统一监制的行政事业性收据，须印有财政部监制章。

(3) 银行、铁路系统的各类带印戳的收据或报销凭证。

2. 报销凭证中付款单位名称（发票抬头）必须为“山东天海有限责任公司”。

二、报销单填写及票据粘贴要求：

(1) 报销单填写应力求清晰整洁，不得随意涂改。

(2) 报销单与原始凭证粘贴单须大小一致，票据不得长于报销单（票据过大时应按报销单大小折叠好）。

(3) 原始凭证应贴在报销单后的粘贴单上。

(4) 若原始凭证面积大小相同或相似（如车票等），须有层次序列粘贴。

(5) 原始凭证金额、类型相同的（如车票等），应尽量粘贴在一块，并按时间顺序排列。

(6) 原始凭证在粘贴时，应确保审核人能够清楚地审阅报销金额。

(7) 报销单一律使用黑色钢笔或签字笔填写。

(8) 报销单各项目应填写完整，大小写金额要一致，并经相应人员审核签字后有效，否则财务不予接收。

以上制度自公司成立之日起实施。

山东天海有限责任公司

2019 年 07 月 01 日

任 务 练 习

1. 实训公司的全称是什么？销售部销售员出差取得的住宿发票中，有一张发票的付款单位名称(发票抬头)为“天海公司”，能否予以报销？

2. 销售部销售员出差发生差旅费已按照财务管理制度执行完报销手续，会计人员在编制记账凭证时应将其记入什么会计科目？

3. 仓储部转来“入库单”两张，分别登记为“马口铁入库”和“瓶盖入库”，会计人员在编制记账凭证时应将其记入什么会计科目？

4. 公司开立了哪几类银行账户？如果出纳去银行办理取现业务，应该去哪个银行？

5. 出纳收到客户签发的转账支票一张，客户要求出纳开具收据，出纳填制完收据后需要哪一个岗位人员加盖财务专用章？

6. 你了解《企业会计准则》《小企业会计准则》和《政府会计准则》吗？它们分别适用于什么样的企业或单位？本公司执行的是哪一种准则？

7. 本公司总账登账依据是什么？多久登记一次？

8. 采购部采购员出差预借差旅费 2 000 元，出纳可否支付其现金？

9. 出纳收到生产计划部经理报销的技术培训费 3 000 元，其费用报销单未经总经理签批，出纳可否支付其款项？

10. 公司收到银行结息凭证应如何编制记账凭证？公司支付员工的社会保险费和公积金应如何编制记账凭证？

11. 制造费用的分配标准有哪些？公司执行什么分配标准？

12. 存货发出的计价方法有哪些？公司原材料执行什么计价方法？

13. 固定资产的折旧方法有哪些？公司执行什么折旧方法？

14. 人力资源部购买吸尘器一台，价值 1 500 元，是否可以将其作为固定资产进行管理并记入“固定资产”账户？

15. 结合你所学的理论知识，试指出公司财务管理制度中有哪些不尽合理的地方。

16. 两年后当你参加招聘会应聘财务工作时，若面试官提问：“假设你成为财务部的一名会计，发现公司存在账外账、‘小金库’等情况，请问你该怎样做？”怎样回答既能体现你的会计职业道德又能展现你的会计职业能力水平？

17. 诚信即诚实守信，是人类社会千百年传承下来的道德传统，也是社会主义核心价值观的重点内容之一，它强调诚实劳动、信守承诺、诚恳待人。作为一名财务人员，更要以身作则，坚守诚信准则。请结合会计工作，谈谈你对诚信的认识和看法。

18. 习近平总书记在党的二十大报告中指出：“全党同志务必不忘初心、牢记使命。”作为会计人员，如何在工作中践行初心使命？

项目二 单项实训

【能力目标】

➢ **专业能力**

◆ 熟练掌握会计书写的标准写法,做到书写规范、清晰流畅
◆ 能够根据不同类型的经济业务来判断必需附带的原始凭证
◆ 能够按照原始凭证的填制规范的要求,正确、规范地填制各种类型的原始凭证并对原始凭证进行审核
◆ 能够正确编制记账凭证并做好记账凭证的审核工作
◆ 能够准确编制试算平衡表
◆ 能够根据审核无误的记账凭证登记日记账以及各类明细账
◆ 能够正确运用财产清查方法清查各类财产物资,并针对清查结果做出正确会计处理
◆ 能够根据科目汇总表账务处理程序规范登记总账
◆ 能够根据已经登记好的各类账簿完成对账和结账工作
◆ 能够利用凭证和账簿资料,根据企业实际情况,选择适合的账务处理程序,综合运用各类资料编制资产负债表和利润表
◆ 能够掌握凭证、账簿、报表的装订方法和会计档案整理、保管的方法

➢ **方法能力**

◆ 掌握会计书写的规范写法
◆ 掌握会计等式
◆ 理解原始凭证的基本要素、填制要求、审核要求
◆ 了解复式记账法,掌握会计科目和账户、借贷记账法、会计分录的编制规范以及编制方法
◆ 掌握记账凭证的填制方法、审核要求
◆ 掌握试算平衡表的编制方法
◆ 掌握借贷记账法在企业经营过程中的具体应用方法
◆ 掌握账簿的设置和登记方法
◆ 掌握错账更正的规则及方法
◆ 掌握对账的内容和结账的要求及方法
◆ 掌握财产清查的方法和处理原则

◆ 掌握资产负债表和利润表的编制方法

◆ 掌握凭证装订的方法和会计档案整理的方法

◆ 明确会计档案的归档和保管要求

➢ **社会能力**

◆ 具有较强的语言表达、会计职业沟通和协调能力

◆ 具有团队合作精神、自我控制与管理能力

◆ 遵守会计职业道德规范，不谋私利、不做假账

【项目描述】

本项目基本框架如图 2-1 所示。

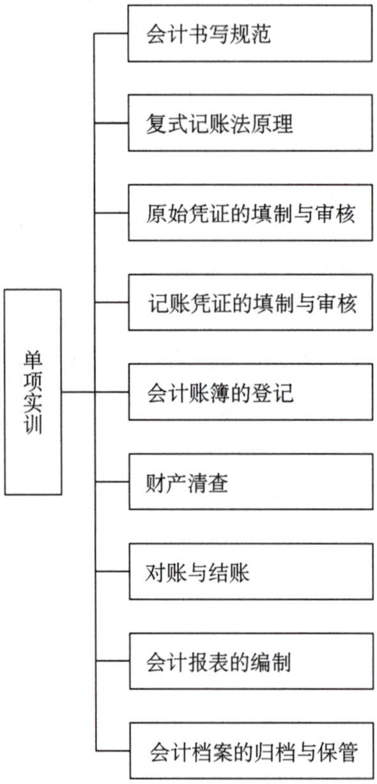

图 2-1　项目基本框架

任务 2-1　会计书写规范

写好中国字，做好中国人；写字要用心，做人要真诚。会计书写是会计工作的一项基本技能，书写规范与否直接关系到整个会计工作的质量。会计书写分为阿拉伯数字与汉字的书写，具体包括大小写金额、会计票据日期等信息的填写。

【工作流程】

正确、规范的会计书写是从事会计工作的基本要求，具体流程如图 2-2 所示。

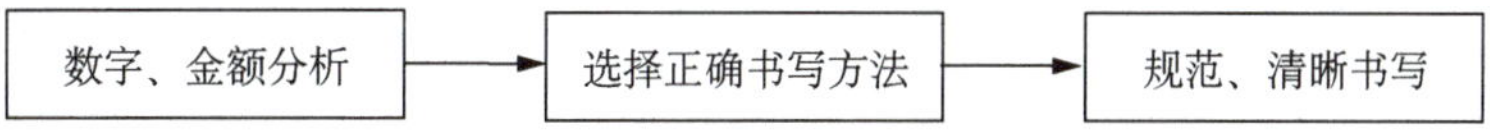

图 2-2　会计书写工作流程图

【真操实练】

一、阿拉伯数字的书写

（一）用笔要求

书写时一般使用黑色或蓝黑色碳素笔，特殊情况下使用红色笔，不得使用圆珠笔或者铅笔。书写时不准涂改、挖补、刮擦或者用修正液消除字迹。

（二）阿拉伯数字的书写要求

阿拉伯数字，又称为小写数字（如 1，2，3，4……）。会计工作中，阿拉伯数字的书写有如下具体要求：

(1) 字体要自右上方向左下倾斜 60°左右进行书写，保持倾斜度一致。

(2) 书写时除“7”和“9”可以向下伸出行格约 1/4，其他数字紧靠行格底线，高度不超过行格的 1/2 为宜。

(3) 除“6”“7”“9”，其他数字应高低一致。“6”的上端可以比其他数字高约 1/4，下端与其他数字一致。“7”和“9”的上端可以比其他数字低约 1/4，下端可以比其他数字伸出约 1/4。

(4) 自上而下按纵行累加的数字，同数位对齐，如个位对个位、十位对十位、百位对百位书写。

(5) 阿拉伯数字金额前面，均应填写人民币符号“¥”，书写时不得连笔书写各数字。

(6) 所有以元为单位的阿拉伯数字，除表示单价，一律填写到角分；无角分的，角位和分位可写“00”，或者符号“—”；有角无分的，分位应当写“0”，不得用符号“—”代替。

阿拉伯数字正确手写字体如图 2-3 所示。

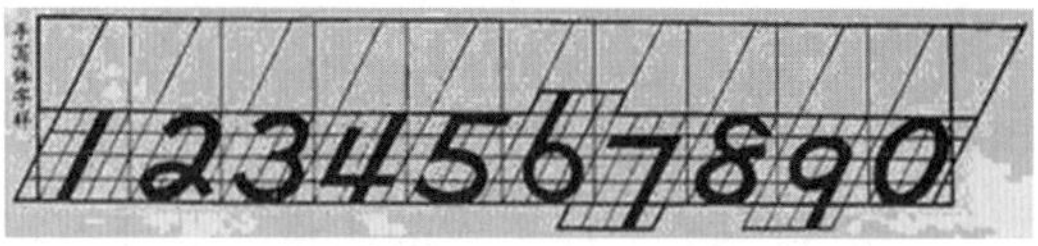

图 2-3 阿拉伯数字正确手写字体

二、汉字大写数字的书写

(一) 汉字大写数字的书写要求

(1) 汉字大写数字金额如“零、壹、贰、叁、肆、伍、陆、柒、捌、玖、拾、佰、仟、万、亿”等，一律用正楷书写，不得使用“○、一、二、三、四、五、六、七、八、九、十”等简化字代替，不得任意自造简化字。

(2) 汉字大写金额数字到元或者角为止的，在“元”或者“角”字之后应当写“整”字或者“正”字；大写金额数字有分的，分字后面不写“整”或者“正”字。

(3) 汉字大写金额数字前应标明“人民币”字样，大写金额数字应紧接“人民币”填写，不得留有空白。大写金额数字前未印“人民币”字样的，应加填“人民币”三个字。

(4) 阿拉伯金额数字中间有“0”时，大写金额要写“零”字；阿拉伯数字金额中间连续有几个“0”时，大写金额中可以只写一个“零”字；阿拉伯金额数字元位是“0”，或者数字中间连续有几个“0”、元位也是“0”但角位不是“0”时，大写金额可以只写一个“零”字，也可以不写“零”字。

汉字大写书写如图 2-4 所示。

零	壹	贰	叁	肆	伍	陆	柒	捌	玖	拾	佰	仟	万	亿	元	角	分

图 2-4 汉字大写数字正确书写

(二) 票据日期书写要求

(1) 票据的出票日期必须使用汉字大写数字。

(2) 为防止变造票据的出票日期，在填写月、日时，月为壹、贰和壹拾的，日为壹至玖和壹拾、贰拾和叁拾的，应在其前加“零”；日为拾壹至拾玖的，应在其前加“壹”。

(3) 票据出票日期使用小写填写的，银行不予受理。大写日期未按照要求规范填写的，银行可受理，但由此造成的损失，由出票人自行承担。

任务练习

1. 李平学习了山东天海有限责任公司有关资料及规章制度后，练习阿拉伯数字的书写。

请按照会计小写金额的书写要求填写会计小写书写表(表 2-1)。

表 2-1 会计小写书写表

小写金额	千	百	十	万	千	百	十	元	角	分
23 456 789.00										
489 583.06										
5 000.00										
430.80										
7 563 148.25										
46 867.55										
7 500.04										
520 000.00										
8 004.42										
186 547.20										

请按照会计小写金额的书写要求填写会计小写书写表(表 2-2)。

表 2-2 会计小写书写表

千	百	十	万	千	百	十	元	角	分	无格会计小写金额
	4	5	8	9	7	6	1	2	3	
			1	2	3	4	6	0	9	
		5	0	0	0	0	0	0	0	
				3	4	8	6	3	5	
			4	8	9	7	2	2	2	
						5	4	9	0	
	7	8	0	0	0	0	0	0	0	
		5	6	0	0	8	7	5	4	
						1	5	7	0	
		6	0	0	0	0	9	0	0	

要求：根据资料，练习阿拉伯数字书写的规范写法，做到书写正确规范、清晰流畅。

2. 李平学习了山东天海有限责任公司有关资料及规章制度后，练习会计数字的书写。

请写出下列汉字大写数字对应的阿拉伯数字。

(1) 人民币叁拾捌元贰角肆分　　小写：________________

(2) 人民币伍仟贰佰万零陆仟玖佰柒拾捌元整　　小写：________________

(3) 人民币壹仟万零伍拾元整　　小写：________________

(4) 人民币壹拾玖万零贰拾叁元整　　小写：________________

(5) 人民币陆元玖角捌分　　小写：________________

(6) 人民币柒万贰仟肆佰零玖元捌角陆分　　小写：________________

(7) 人民币捌仟肆佰元零柒角整　　小写：________________

(8) 人民币叁拾肆万零玖佰零伍元零玖分　　小写：________________

(9) 人民币壹拾壹万元整　　小写：________________

(10) 人民币玖佰万元零柒分　　小写：________________

请写出下列阿拉伯数字对应的中文大写数字。

(1) ￥133 100.05　　大写：________________

(2) ￥20 850.46　　大写：________________

(3) ￥4 000.50　　大写：________________

(4) ￥50.23　　大写：________________

(5) ￥358.67　　大写：________________

(6) ￥822 406.76　　大写：________________

(7) ￥1 000 000.00　　大写：________________

(8) ￥238 003.77　　大写：________________

(9) ￥300 000.04　　大写：________________

(10) ￥6 785.06　　大写：________________

要求：根据上述实训资料，练习会计金额的书写，做到书写规范、清晰、流畅。

3. 练习支票出票日期的书写。

(1) 2020 年 1 月 1 日　　大写：________________________

(2) 2020 年 1 月 15 日　　大写：________________________

(3) 2020 年 4 月 4 日　　大写：________________________

(4) 2020 年 5 月 20 日　　大写：________________________

(5) 2020 年 10 月 15 日　　大写：________________________

要求：根据上述实训资料，练习票据出票日期的写法，做到正确、规范书写。

任务 2-2　复式记账法原理

复式记账法是将会计要素、会计科目、会计账户、会计等式以及借贷记账法综合应用的会计核算方法。会计等式是反映各项会计要素之间的数量上相等关系的表达式，通常包括反映财务状况会计要素的等式和反映经营成果会计要素的等式。借贷记账法是以会计等式作为理论基础，记录会计要素增减变动情况的一种复式记账法。

【工作流程】

复式记账法具体操作需经过几个步骤才能应用到会计工作中，具体流程如图 2-5 所示。

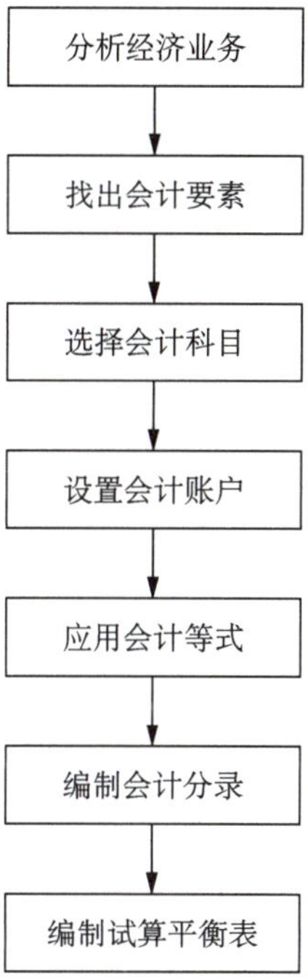

图 2-5　复式记账法工作流程图

【真操实练】

一、会计要素

我国《企业会计准则》将会计要素划分为资产、负债、所有者权益、收入、费用和利润六类。其中，前三类属于反映财务状况的会计要素，后三类属于反映经营成果的会计要素。

二、会计科目

会计科目是会计要素的具体内容。会计科目按经济内容分类，将核算统一会计要素的会计科目归为一类，具体可以分为资产类、负债类、共同类、所有者权益类、成本类和损益类；会计科目按照信息详细程度可分为总分类科目和明细分类科目。

三、会计账户

会计账户是对会计科目的具体应用，会计科目的分类就是会计账户的分类。会计科目是会计要素的一个项目，规定了科目的核算内容和使用范围，而会计账户是根据会计科目和单位自身需要来设置的，会计账户有一定的格式和方向。

四、会计等式

（一）静态等式

“资产＝权益”，可以表示为“资产＝负债＋所有者权益”，又称为财务状况等式、会计基本等式，是用以反映企业某一特定时点资产、负债、所有者权益三者之间平衡关系的会计等式。

（二）动态等式

“收入－费用＝利润”，又称为经营成果等式，是反映企业一定时期收入、费用和利润之间恒等关系的会计等式，揭示企业在一定会计期间因开展生产经营活动所取得的经营成果。

五、借贷记账法

（一）理论基础

借贷记账法是以会计基本等式作为理论基础，以“借”“贷”作为记账符号，记录会计要素增减变动情况的一种复式记账法。

（二）记账符号

以“借”“贷”二字作为记账符号，以“借”表示资产和成本、费用的增加，负债、所有者权益和收入、利润的减少；以“贷”表示负债、所有者权益和收入、利润的增加，资产和成本、费用的减少。

（三）账户结构

在借贷记账法下，账户的左方称为借方，右方称为贷方。账户的一方登记增加额，另一方登记减少额。账户的期初、期末余额一般应与登记的增加额同一方向。登记在账户借方的数额称为“借方金额”，登记在贷方的数额称为“贷方金额”；期末终了，将借方金额和贷方金额分别进行合计，其合计数分别称为“借方发生额”和“贷方发生额”，余额在借方称为“借方期末余额”，余额在贷方称为“贷方期末余额”。至于账户的哪一方登记增加额，哪一方登记减少额，取决于账户所要反映的经济内容（账户的经济性质）。

一般而言，余额出现在借方的账户有资产类、成本类、费用类（结转后无余额）账户；余额出现在贷方的账户有负债类、所有者权益类、收入类（结转后无余额）账户。

（四）记账规则

有借必有贷，借贷必相等。

（五）会计分录

会计分录的编制，分为以下几步：

（1）确定账户名称，分析经济业务涉及的会计账户类别及其名称。

（2）确定记账方向，分析每个账户的增减变动情况，确定应记入金额的借贷方向。

（3）确定应记金额，分析计算记入每个账户的金额。

（六）登记账户

利用账户形式，登记期初余额，根据本期的会计分录登记有关账户，最后结出本期发生额和期末余额。

（七）试算平衡

1. 发生额试算平衡

利用借贷记账法的记账规则，根据一定期间所有账户的本期借、贷方发生额，检查本期经济业务登记过程是否有误，编制公式为"全部账户的本期借方发生额合计＝全部账户的本期贷方发生额合计"。

2. 余额试算平衡

利用会计基本等式，根据一定时期的期初、期末所有账户的余额，检查本期记账结果是否有误，编制公式为"全部账户的期初余额借方合计＝全部账户的期初余额贷方合计""全部账户的期末余额借方合计＝全部账户的期末余额贷方合计"。

通过编制试算平衡表来实现试算平衡，检查全部账户记账过程和记账结果是否正确、完整。

任 务 练 习

1. 会计要素、会计科目和会计账户区分。

山东天海有限责任公司 2020 年 1 月发生经济业务如表 2-3 所示。

表 2-3　经济业务要素、科目分析表

序号	项　目	资产	负债	所有者权益	会计科目
1	出纳王鑫保管的现金 200 元				
2	存放在银行的款项 265 000 元				
3	生产用厂房价值 300 000 元				

（续表）

序号	项　　目	资产	负债	所有者权益	会计科目
4	管理部门办公楼 1 幢价值 3 250 000 元				
5	运输用的卡车价值 150 000 元				
6	正在装配中的 1 号瓶盖价值 200 000 元				
7	车间用机器设备价值 600 000 元				
8	仓库存放的材料马口铁价值 200 000 元				
9	向新华公司购入白色油墨，尚未支付款项 50 000 元				
10	尚未交纳的税费 150 000 元				
11	投入的资本金 2 000 000 元				
12	管理部门使用的计算机价值 60 000 元				
13	从银行借入半年期的款项 150 000 元				
14	应收康力公司的货款 20 000 元				
15	新收股东投入的资本金 378 500 元				
16	预收光明公司的货款 60 000 元				
17	应付职工工资 215 000 元				
18	购买的专利权价值 80 000 元				
19	提取的盈余公积金 250 000 元				
20	本月实现的利润 350 000 元				

要求：根据提供的资料，在表 2-3 内区分资产、负债、所有者权益要素，并在相应的要素栏内打“√”，同时写出每一笔业务对应的会计科目。

2. 会计等式应用。

山东天海有限责任公司 2020 年 3 月份发生以下经济业务。

(1) 采购部史帅用银行存款购买原材料马口铁。

(2) 出纳王鑫到银行归还长期借款。

(3) 用银行存款支付前欠红星工厂货款。

(4) 收到投资人投入的生产设备一台。

(5) 采购部史帅从安顺公司购进一批 PVC 树脂，货款尚未支付。

(6) 从中国工商银行借入长期借款，存入银行账户。

(7) 将盈余公积转作实收资本。

(8) 从银行取得短期借款偿还所欠新华公司货款。

(9) 用盈余公积弥补亏损。

(10) 企业以固定资产对外投资。

要求：根据资料，请分析 2020 年 3 月各项经济业务的变动类型，填入表 2-4 中。

表 2-4　经济业务变动类型分析

变动类型	经济业务序号
一项资产增加,另一项资产减少	
一项负债增加,另一项负债减少	
一项所有者权益增加,另一项所有者权益减少	
一项负债增加,一项所有者权益减少	
一项负债减少,一项所有者权益增加	
一项资产增加,一项负债增加	
一项资产增加,一项所有者权益增加	
一项资产减少,一项负债减少	
一项资产减少,一项所有者权益减少	

3. 会计等式综合应用。

山东天海有限责任公司 2020 年 2 月 29 日资产、负债、所有者权益的状况如表 2-5 所示。

表 2-5　资产、负债、所有者权益状况表

2020 年 2 月 29 日　　单位:元

资产		权益(负债+所有者权益)	
库存现金	1 000.00	短期借款	80 000.00
银行存款	100 000.00	应付账款	64 000.00
应收账款	69 000.00	应交税费	36 000.00
其他应收款	30 000.00	实收资本	2 400 000.00
原材料	100 000.00	盈余公积	200 000.00
库存商品	100 000.00	本年利润	120 000.00
固定资产	2 500 000.00		
资产合计	2 900 000.00	权益合计	2 900 000.00

公司 3 月份发生部分经济业务如下:

(1) 从银行提取现金 1 000 元备用。

(2) 采购员史帅从财务部预借差旅费 800 元,以现金支付。

(3) 用银行存款支付上月所欠的税费 36 000 元。

(4) 从风华公司购入马口铁 600 千克,单价 11 元/千克,价值 6 600 元,货款尚未支付。

(5) 向中国工商银行借入半年期贷款 20 000 元。

(6) 收回海潮公司所欠货款 10 000 元,已送存银行。

(7) 收到景苑公司设备一台作为投资,价值 30 000 元。

(8) 生产领用原材料油墨价值 20 000 元。

(9) 用银行存款归还短期借款 80 000 元。

(10) 车间生产完工 2 号瓶盖价值 10 000 元，已验收入库。

要求：根据山东天海有限责任公司 2020 年 2 月 29 日资产和权益的资料和 3 月份发生的经济业务，将相关数据填列到资产、负债、所有者权益平衡表，如表 2-6 所示，并注意会计要素之间的平衡。

表 2-6 3 月末资产、负债、所有者权益平衡表

2020 年 3 月 31 日 单位：元

资产					负债及所有者权益				
会计科目	期初余额	本月增加额	本月减少额	期末余额	会计科目	期初余额	本月增加额	本月减少额	期末余额
合 计					合 计				

4. 编制试算平衡表。

山东天海有限责任公司 2020 年 4 月账户期初余额如表 2-7 所示。

表 2-7 山东天海有限责任公司账户期初余额表

2020 年 4 月 1 日 单位：元

账户名称	明细科目	借方余额	账户名称	明细科目	贷方余额
库存现金		1 000.00	短期借款		230 000.00
银行存款	工行潍坊望远路支行	150 000.00	应付账款	新华公司	2 000.00
	交行潍坊胜利支行	130 000.00		畅达公司	4 000.00
应收账款	顺达公司	80 000.00		东方公司	120 000.00
	信达公司	7 500.00	应交税费	未交增值税	32 500.00
原材料	马口铁	120 000.00	实收资本		700 000.00
生产成本	1 号瓶盖	600 000.00			
合 计	—	1 088 500.00	合 计	—	1 088 500.00

公司 4 月份发生以下经济业务。本月发生银行结算业务均通过公司基本存款账户完成。

(1) 4 月 5 日,购进马口铁 10 000 千克,单位成本 11 元,价款 110 000 元,增值税进项税额 14 300 元。材料已验收入库,款项以银行存款支付。

(2) 4 月 7 日,生产车间领用马口铁一批计价 20 000 元,全部投入 1 号瓶盖的生产。

(3) 4 月 9 日,从银行提取现金 1 000 元。

(4) 4 月 11 日,用银行存款偿还前欠新华公司货款 2 000 元。

(5) 4 月 15 日,收到顺达公司支付的购货款 80 000 元,已存入银行。

(6) 4 月 16 日,收到新华公司投入资本 20 000 元,已存入银行。

(7) 4 月 17 日,以银行存款归还短期借款 120 000 元。

要求 1:根据该企业上述经济业务编制相应的会计分录,并填列到表 2-8 中。

表 2-8 会计分录简表 单位:元

日期	摘 要	总账科目	明细科目	借方金额	贷方金额

要求 2:根据期初余额表与要求 1 所编制的会计分录,开设并登记"T"形账户(图 2-6),登记期初余额,并结出本期发生额及期末余额。

库存现金　银行存款　原材料

应收账款　生产成本　短期借款

应交税费　应付账款　实收资本

图 2-6　T 形账户

要求 3:根据要求 1 和要求 2 编制总分类账户试算平衡表,如表 2-9 所示。

表 2-9　总分类账户试算平衡表

2020 年 4 月　　单位:元

账户名称	期初余额		本期发生额		期末余额	
	借方	贷方	借方	贷方	借方	贷方
库存现金						
银行存款						
原材料						
应收账款						
生产成本						
短期借款						
应交税费						
应付账款						
实收资本						
合　计						

任务 2-3　原始凭证的填制与审核

原始凭证是在经济业务发生或完成时取得或填制的，用来证明经济业务发生或完成情况，明确经济责任并具有法律效力的书面证明。它是编制记账凭证的依据，是企业会计核算的原始资料和重要证据。

【工作流程】

分析经济业务，正确填制、审核原始凭证，具体流程如图 2-7 所示。

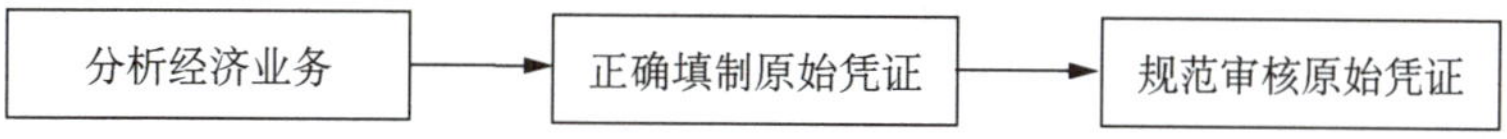

图 2-7　填制与审核原始凭证流程图

【真操实练】

一、原始凭证填制要求

(1) 内容齐全，书写规范，字迹清晰，易于辨认。不得遗漏，不得使用未经国务院颁布的简化字。

(2) 大小写金额填写正确且必须一致。

(3) 原始凭证填写错误，应按规定的方法更正，并由更正人员在更正处盖章，以示负责。不能更正的原始凭证不能撕毁，应办理作废手续后重新填制，并加盖“作废”印章，按原编号顺序与其他存根联一起保存。

二、原始凭证审核要求

(1) 审核原始凭证中所记录的内容是否与实际业务相符。

(2) 审核原始凭证所反映的经济业务是否符合国家有关政策、法令、制度和本单位的规定。

(3) 审核原始凭证各项基本要素是否齐全，凭证联次是否正确，主管人员是否审批。

(4) 审核原始凭证各项数字、金额的计算及填写是否正确，大小写金额是否一致。

(5) 对完全符合要求的原始凭证，应及时据以编制记账凭证入账。

(6) 对真实、合法、合理但内容不够完整、填写有错误的原始凭证，应退回给相关经办人员，由其负责将有关凭证补充完整、更正错误或重开后，再办理正式会计手续：

第一，如果原始凭证金额填写错误，不得进行更正，必须由原开具单位重新开具，并在错误凭证上加盖“作废”戳记，同存根联一起保存。

第二，如果原始凭证不是金额填写错误，应由原开具单位重新开具或更正，更正的凭证应在更正处加盖更正单位公章及经办人员签章。但是,由单位自行填制提交银行的各种结算单,其填制错误一律不得更改,应加盖"作废"戳记同存根一起保存,并重新填写正确的结算凭证。

第三,对于不真实、不合法的原始凭证,会计机构和会计人员有权不予接受,并向单位负责人报告。

特别提醒:为适当增加实训难度,本书中部分原始凭证(单据)存在错漏,学生在实训时请务必认真审核原始凭证后再填制记账凭证!

任务练习

1. 填制原始凭证。

山东天海有限责任公司 2020 年 7 月发生以下经济业务。

(1) 7 月 1 日,出纳王鑫从中国工商银行提取现金 5 000 元备用。公司开户银行:中国工商银行潍坊望远路支行;账号:6222021607024268206;财务经理:张宇;会计:于林。相关资料如凭证 1-1、凭证 1-2 所示。

凭证 1-1

提现申请表

年　　月　　日

收款单位			
地　址		联系电话	
收款人开户行		开户账号	
内　容			
大　写			

审批:　　　　　　　　　　审核:　　　　　　　　　　制表:

凭证 1-2

中国工商银行 现金支票存根 10201110 96600075	中国工商银行 现金支票 10201110 96600075
附加信息	付款期限自出票之日起十天
	出票日期（大写） 年 月 日 付款行全称：
	收款人： 出票人账号：
出票日期 年 月 日	人民币（大写） 亿 千 百 十 万 千 百 十 元 角 分
收款人：	用途 密码9165 6989 5120 8332
金额：	行号
用途：	上列款项请从我账户内支付
单位主管 会计	出票人签章 复核 记账

潍坊证券印制有限公司·2020年印制

(2) 7月5日，销售员王辉赴济南参加商品展销会，经批准向财务部预借差旅费1 500元。销售经理：李飞；财务经理：张宇；出纳：王鑫。审核无误后以现金付讫，相关资料如凭证 1-3 所示。

凭证 1-3

借 款 单

年 月 日

借款人：	所属部门：
借款用途：	
借款金额(人民币大写)：	小写：________
部门负责人审批：	借款人(签章)：
财务部门审核：	
单位负责人审批：	签章：
核销记录：	

(3) 7月10日，公司与西安康体有限责任公司签订销售合同(编号 XS00001)，合同约定销售1号瓶盖(14厘米)10 000个，单价为1.80元；销售2号瓶盖(16厘米)20 000个，单价为2元。山东天海有限责任公司与西安康体有限责任公司的基本资料及购销合同，如凭证 1-4 所示。货物当日发出并开出增值税专用发票，如凭证 1-5 所示。

山东天海有限责任公司为增值税一般纳税人，增值税税率13%；统一社会信用代码为91370203765676788N；地址为山东省潍坊市文昌区望远路288号；开户行及账号为中国工商银行潍坊望远路支行6222021607024268206。

西安康体有限责任公司为增值税一般纳税人，增值税税率13%，统一社会信用代码为32080665794132；地址为陕西省西安市南下河路966号；开户行及账号为中国农业银行西安市南下河支行341501040011673；电话：029-89574366。

凭证 1-4

购销合同

合同编号：XS00001

供方：山东天海有限责任公司　　　　需方：　西安康体有限责任公司

为保护买卖双方的合法权益，买卖双方根据《中华人民共和国合同法》的有关规定，经友好协商，一致同意签订本合同并共同遵守：

1. 货物名称、型号、数量、价格、合同金额如下表所示。

序号	货物名称	规格型号	单位	数量	单价（不含税）	金额（不含税）	税率	税额
1	1号瓶盖	14cm	个	10 000	1.80	18 000.00	13%	2 340.00
2	2号瓶盖	16cm	个	20 000	2.00	40 000.00		5 200.00
合计						¥58 000.00		¥7 540.00

2. 合同总金额：人民币陆万伍仟伍佰肆拾元整。　（　¥65 540.00　）
3. 付款时间：2020年7月31日前。
4. 发货时间：卖方于签订合同当日发出全部商品。
5. 7月31日前买方可以因商品质量问题退货。
6. 发运方式：买方自提。交货地点：潍坊市文昌区望远路288号。
7. 任何一方均不得擅自修改本合同，如有修改须另行达成书面协议，否则本合同自动失效。
8. 其他：本合同一式贰份，供需双方各执壹份。本合同自双方签字盖章后生效，至本合同全部条款执行完毕后失效。

供方（盖章）：山东天海有限责任公司　　　　需方（盖章）：西安康体有限责任公司
授权代表：王辉　　　　授权代表：刘乐贵
签订时间：2020年7月10日　　　　签订时间：2020年7月10日

（印章：山东天海有限责任公司 合同专用章）（印章：西安康体有限责任公司 合同专用章）

凭证 1-5

3700194425

山东增值税专用发票

此联不作报销、扣税凭证使用

NO. 01548757　　3700194425　01548757

（印章：全国统一发票监制章 山东 国家税务总局监制）

开票日期：　年　月　日

购买方	名称： 纳税人识别号： 地址、电话： 开户行及账号：					密码区		
货物或应税劳务、服务名称	规格型号	单位	数量	单价	金额	税率	税额	
合计								
价税合计（大写）					（小写）			
销售方	名称： 纳税人识别号： 地址、电话： 开户行及账号：					备注		

收款人：　　复核：　　开票人：　　销售方：（章）

第一联：记账联　销售方记账凭证

(4) 7月15日，出纳王鑫收到采购部史帅出差退回的现金200元，并开具收据一份，如凭证1-6所示。

凭证1-6

收款收据 No. 404903

年 月 日

今收到 ____________________

交来 ____________________

人民币（大写） 拾 万 仟 佰 拾 元 角 分

（小写） ____________

☐现金 ☐支票 ☐信用卡 ☐其他 收款单位（签章）

会计： 记账： 出纳： 经手人：

第三联 记账联

(5) 7月20日，公司从齐鲁大丰厂购入马口铁1 000千克，单位价格为11元，已办理入库手续。采购员：史帅；仓储经理：王浩；验收人：韩雪雪。相关资料如凭证1-7所示。

凭证1-7

收 料 单

供应单位： 收料单号：

材料类别： 年 月 日 收料仓库：

材料编号	名称	规格	单位	数量		实际成本				
				应收	实收	买价		运杂费	其他	合计
						单价	金额			
合 计										
备 注										

仓库主管： 记账： 收料： 经办人：

第三联 记账联

(6) 按照公司出差人员报销制度，公司部门主管以下人员以火车方式出行，按照级别只能购买二等座车票，超出金额个人承担。7月21日，销售员王辉到武汉拜访客户，已预借差旅费2 000元。因火车票紧张，7月23日返程时，王辉购买了一等座车票，相关资料如凭证1-8至凭证1-13所示。7月24日，王辉到财务部办理报销业务。

凭证 1-8

457757896214　　**湖北增值税普通发票**　　NO. 45625678　457757896214 45625678

发票联

校验码 45777 06789 45689 85436　　开票日期：2020年7月23日

购买方	名　　称：山东天海有限责任公司 纳税人识别号：91370203765676788N 地 址、电 话：山东省潍坊市文昌区望远路288号0536-2600888 开户行及账号：中国工商银行潍坊望远路支行6222021607024268206	密码区	1<6<5>**58036563523458/098> 5>4-<+>/0<38+77896-+6++8+12 09>>+-*93+>23-+/>26401/3/34 5/320+6+*<2<>45+-0/-*1-28--

货物或应税劳务、服务名称	规格型号	单位	数　量	单　价	金　额	税率	税　额
*餐饮服务*餐费		次	4	61.32	245.28	6%	14.72
合　　计					¥245.28		¥14.72
价税合计（大写）	⊗贰佰陆拾元整				（小写）¥260.00		

销售方	名　　称：武汉市庆丰餐饮有限责任公司 纳税人识别号：911143454657834000 地 址、电 话：武汉市永丰区丰收路27号　027-82596666 开户行及账号：交通银行永丰区航天城支行6222626603885470 0	备注	

收款人：江　浩　　复核：刘　岩　　开票人：李　飞　　销售方：（章）

第二联：发票联　购买方记账凭证

凭证 1-9

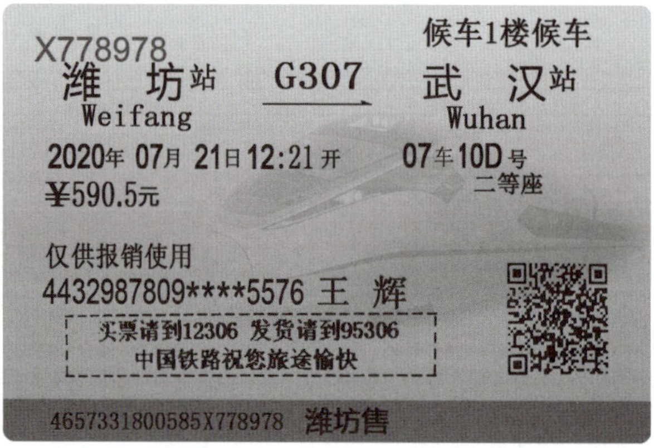
X778978　候车1楼候车
潍　坊站　G307　武　汉站
Weifang　Wuhan
2020年07月21日12:21开　07车10D号
¥590.5元　二等座
仅供报销使用
4432987809****5576 王　辉
买票请到12306 发货请到95306
中国铁路祝您旅途愉快
4657331800585X778978 潍坊售

凭证 1-10

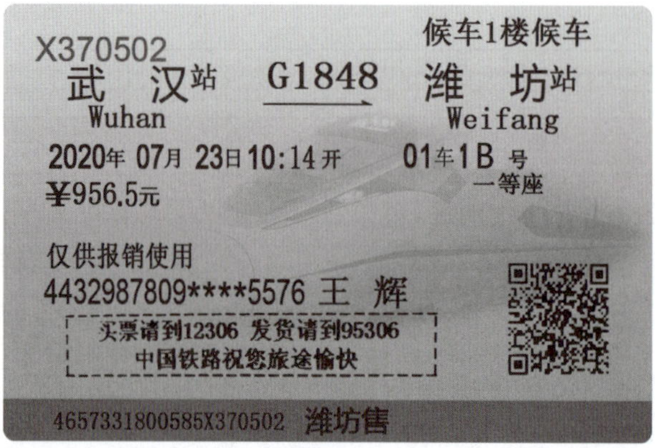
X370502　候车1楼候车
武　汉站　G1848　潍　坊站
Wuhan　Weifang
2020年07月23日10:14开　01车1B号
¥956.5元　一等座
仅供报销使用
4432987809****5576 王　辉
买票请到12306 发货请到95306
中国铁路祝您旅途愉快
4657331800585X370502 潍坊售

凭证 1-11

4597862315

湖北增值税专用发票

抵扣联

NO. 45635787　4597862315 45635787

开票日期：2020年7月23日

购买方	
名　　　称：	山东天海有限责任公司
纳税人识别号：	91370203765676788N
地 址、电 话：	山东省潍坊市文昌区望远路288号0536-2600888
开户行及账号：	中国工商银行潍坊望远路支行6222021607024268206

密码区：
1<6<6>**58033163523458/098>
5>4-<+>/0<38+77896-+6++8+12
09>>+-*93+>23-+/>26401/3/34
5/320+6+*<2<>45+-0/-*3-67--

货物或应税劳务、服务名称	规格型号	单位	数量	单价	金额	税率	税额
*住宿服务*住宿费		天	2	318.87	637.74	6%	38.26
合　　计					¥637.74		¥38.26
价税合计（大写）	⊗陆佰柒拾陆元整				（小写）¥676.00		

销售方	
名　　　称：	武汉市风华源酒店有限公司
纳税人识别号：	911143454657834552
地 址、电 话：	武汉市永丰区家园一区22号楼1-3层　027-82678768
开户行及账号：	中国农业银行永丰区航天城支行27276266038854789

备注：（印章：武汉市风华源酒店有限公司 911143454657834552 发票专用章）

收款人：董 浩　　复核：张 岩　　开票人：徐 飞　　销售方：（章）

第二联：抵扣联 购买方抵扣税款凭证

凭证 1-12

4597862315

湖北增值税专用发票

发票联

NO. 45635787　4597862315 45635787

开票日期：2020年7月23日

购买方	
名　　　称：	山东天海有限责任公司
纳税人识别号：	91370203765676788N
地 址、电 话：	山东省潍坊市文昌区望远路288号0536-2600888
开户行及账号：	中国工商银行潍坊望远路支行6222021607024268206

密码区：
1<6<6>**58033163523458/098>
5>4-<+>/0<38+77896-+6++8+12
09>>+-*93+>23-+/>26401/3/34
5/320+6+*<2<>45+-0/-*3-67--

货物或应税劳务、服务名称	规格型号	单位	数量	单价	金额	税率	税额
*住宿服务*住宿费		天	2	318.87	637.74	6%	38.26
合　　计					¥637.74		¥38.26
价税合计（大写）	⊗陆佰柒拾陆元整				（小写）¥676.00		

销售方	
名　　　称：	武汉市风华源酒店有限公司
纳税人识别号：	911143454657834552
地 址、电 话：	武汉市永丰区家园一区22号楼1-3层　027-82678768
开户行及账号：	中国农业银行永丰区航天城支行27276266038854789

备注：（印章：武汉市风华源酒店有限公司 911143454657834552 发票专用章）

收款人：董 浩　　复核：张 岩　　开票人：徐 飞　　销售方：（章）

第三联：发票联 购买方记账凭证

凭证 1-13

差旅费报销单

年　月　日　　　　　　附件共　　张

所属部门					姓名		出差事由			
出发		到达		起止地点		交通费	住宿费	伙食费	其他	合计金额
月	日	月	日							
合计	大写金额：　　¥					预支差旅费		退回金额		
								补付金额		

总经理：　　财务经理：　　出纳：　　部门经理：　　报销人：

要求 1：请根据以上资料信息，以正确身份填制相关原始凭证。

要求 2：假设业务(6)销售部销售员王辉 7 月 24 日报销时发现火车票丢失，应该如何处理？

要求 3：请思考公司收到增值税专用发票抵扣联（凭证 1-12）后应如何处理？抵扣联是否作为编制记账凭证的依据并粘贴在记账凭证后面？

2. 审核原始凭证。

(1) 2020 年 7 月 15 日，公司出纳王鑫给红星包装厂开具转账支票，如凭证 2-1 所示，金额 58 500 元。（骑缝章应按各地实际要求而定）

凭证 2-1

中国工商银行
转账支票存根
10200020
53220177

潍坊证券印制有限公司 · 2020年印制

附加信息

出票日期 2020年07月15日
收款人： 红星包装厂
金额： ¥58 500.00
用途： 支付货款
单位主管　　会计

中国工商银行　转账支票　　**10200020**
53220177

付款期限自出票之日起十天

出票日期（大写） 贰零贰零年柒月壹拾伍日　　**付款行全称：** 中国工商银行潍坊望远路支行
收款人： 红星包装厂　　**出票人账号：** 6222021607024268206

人民币（大写）	伍万捌仟伍佰元整	亿	千	百	十	万	千	百	十	元	角	分
					¥	5	8	5	0	0	0	0

用途 支付货款　　**密码** 2978 5322 0177 0020
行号

上列款项请从我账户内支付

山东天海有限责任公司 财务专用章

强王印立

出票人签章　　**复核**　　**记账**

要求 1:请根据所给资料,以“财务经理张宇”的身份审核原始凭证所反映的交易或事项是否正确,同时审查原始凭证的内容是否完整,各项目填列是否齐全,数字计算是否正确以及大小写金额是否相符。

要求 2:若该原始凭证有问题,请思考应如何处理此原始凭证。

2. 2020 年 7 月 25 日,销售部王辉持增值税普通发票和报销申请单到财务处办理费用报销手续,需报销费用总额为 890 元。财务经理张宇审核原始凭证无误,但是得知该笔费用是销售经理李飞家庭聚会发生的餐费支出。

要求 1:财务经理张宇审核原始凭证无误后,是否应该在“报销申请表”的“财务审核”处签字?请说明原因。

要求 2:假如你是李平,财务经理张宇告知你办理此笔报销业务,你会怎样处理?请说明理由。

任务 2-4　记账凭证的编制与审核

记账凭证又称记账凭单，是会计人员根据审核无误的原始凭证，按照经济业务的内容加以归类，并据以确定会计分录后所填制的会计凭证。记账凭证是登记账簿的直接依据。

【工作流程】

正确填制、审核原始凭证后进而编制记账凭证、审核记账凭证，具体流程如图 2-8 所示。

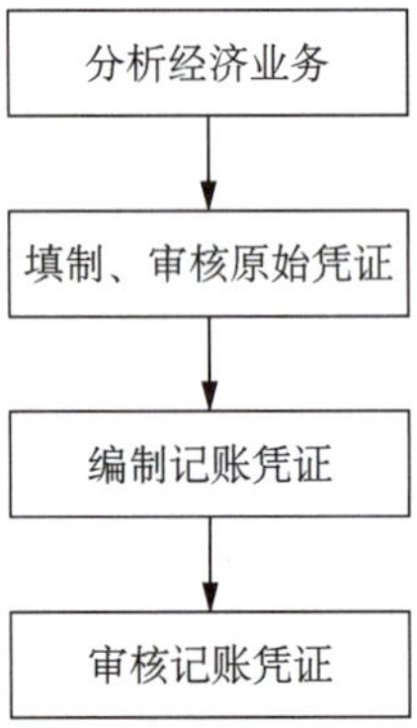

图 2-8　编制、审核记账凭证工作流程图

【真操实练】

一、记账凭证的编制要求

(1) 根据审核无误的原始凭证编制记账凭证。

(2) 逐项填写记账凭证的各项内容，填写齐全，不得遗漏。

(3) 记账凭证应按日期连续编号。

(4) 摘要栏力求简明扼要，避免简而不明或过于繁琐。

(5) 会计科目要写全称，不得简写。

(6) 记账凭证的金额必须与原始凭证的金额相符，书写规范，金额最高位数值前填写人民币符号“¥”，如有空行，应当自金额栏从左下角到右上角处画注销线。

(7) 附件张数应注明清楚，可以采用大写数字，也可以采用阿拉伯数字。

(8) 相关人员在会计凭证上签名或盖章。

二、记账凭证审核的注意事项

(1) 审核记账凭证是否附有原始凭证，两者所反映的内容是否一致。

(2) 审核会计科目名称是否规范，科目级次是否完整，借贷方向是否正确，账户对应关系是否反映经济业务来龙去脉，金额是否准确，书写是否正确。

(3) 审核记账凭证中规定项目是否填列齐全，有关人员是否已签名或盖章。

任务练习

山东天海有限责任公司 2020 年 3 月发生以下经济业务。

1. 3 月 12 日，公司管理部王群报销购买办公用品费用 339 元，相关资料如凭证1-1至凭证 1-3 所示。

凭证 1-1

3707898687　**山东增值税专用发票**　NO. 07664935　3707898687 07664935

抵扣联

开票日期：2020年3月12日

购买方	名　　称：山东天海有限责任公司 纳税人识别号：91370203765676788N 地 址、电 话：山东省潍坊市文昌区望远路288号0536-2600888 开户行及账号：中国工商银行潍坊望远路支行6222021607024268206			密码区	1<6<6>**58033163523458/098> 5>4-<+>/0<38+75628-+6++8+12 09>>+-*93+>23-+/>26401/3/34 5/320+6+*<2<>45+-0/-*1+20--		
货物或应税劳务、服务名称	规格型号	单位	数　量	单　价	金　额	税 率	税　额
*文具*文件夹		个	20	15.00	300.00	13%	39.00
合　　计					¥300.00		¥39.00
价税合计（大写）	⊗叁佰叁拾玖元整				（小写）¥339.00		
销售方	名　　称：潍坊市飞云商贸有限公司 纳税人识别号：934543454657834552 地 址、电 话：奎文区东风东街1999号　0536-8267876 开户行及账号：中国农业银行奎文区支行15346266038854789			备注	潍坊市飞云商贸有限公司 934543454657834552 发票专用章		

收款人：董 庆　　复核：谢 岩　　开票人：徐 佳　　销售方：（章）

第二联：抵扣联　购买方抵扣凭证

凭证 1-2

3707898687　**山东增值税专用发票**　NO. 07664935　3707898687 07664935

发票联

开票日期：2020年3月12日

购买方	名　　称：山东天海有限责任公司 纳税人识别号：91370203765676788N 地 址、电 话：山东省潍坊市文昌区望远路288号0536-2600888 开户行及账号：中国工商银行潍坊望远路支行6222021607024268206			密码区	1<6<6>**58033163523458/098> 5>4-<+>/0<38+75628-+6++8+12 09>>+-*93+>23-+/>26401/3/34 5/320+6+*<2<>45+-0/-*1+20--		
货物或应税劳务、服务名称	规格型号	单位	数　量	单　价	金　额	税 率	税　额
*文具*文件夹		个	20	15.00	300.00	13%	39.00
合　　计					¥339.00		¥39.00
价税合计（大写）	⊗叁佰叁拾玖元整				（小写）¥339.00		
销售方	名　　称：潍坊市飞云商贸有限公司 纳税人识别号：934543454657834552 地 址、电 话：奎文区东风东街1999号　0536-8267876 开户行及账号：中国农业银行奎文区支行15346266038854789			备注	潍坊市飞云商贸有限公司 934543454657834552 发票专用章		

收款人：董 庆　　复核：谢 岩　　开票人：徐 佳　　销售方：（章）

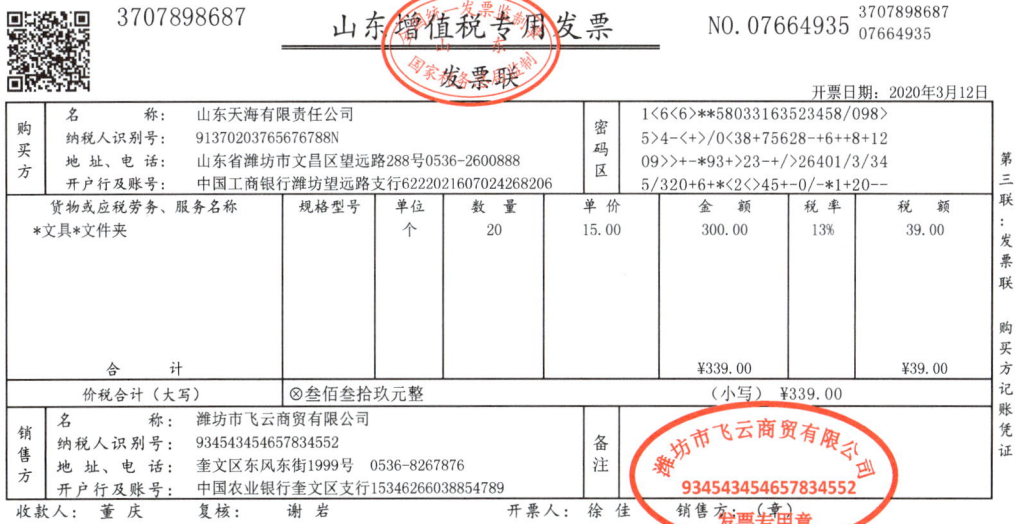

第三联：发票联　购买方记账凭证

凭证 1-3

报销申请单

填报日期:2020 年 3 月 12 日

姓名	王　群	所属部门	企业管理部
报销项目	摘要	金额	备注
办公用品		339.00	
		现金付讫	
合　　计		¥339.00	
金额大写　零拾零万零仟叁佰叁拾玖元零角零分			

报销人:王群　　部门审核:王立强　　财务审核:张宇

2. 3 月 20 日,人力资源部王琳出差回来,报销差旅费,如凭证 2-1 所示。

凭证 2-1

差旅费报销单

2020 年 3 月 20 日　　附件共 4 张

所属部门				人力资源部	姓名	王琳	出差事由	参加招聘会		
出发		到达		起止地点		交通费	住宿费	伙食费	其他	合计金额
月	日	月	日							
3	18	3	18	潍坊	北京	259.00	—		—	259.00
3	20	3	20	北京	潍坊	259.00	1 272.00	300.00	—	1 831.00
									现金收讫	
合计	大写金额:贰仟零玖拾元整　¥2 090.00					预支差旅费	3 000.00	退回金额	910.00	
								补付金额	—	

总经理:　　财务经理:张　宇　　出纳:王　鑫　　部门经理:巩　晨　　报销人:王　琳

3. 3 月 20 日,北京鑫平贸易有限公司交来转账支票结算货款,出纳王鑫去银行办理进账,收到银行进账单(收账通知),如凭证 3-1 所示。

凭证 3-1

中国工商银行 进账单 （收账通知） 3

NO. 03838529

2020年3月20 日

出票人	全 称	北京鑫平贸易有限公司	收款人	全 称	山东天海有限责任公司
	账 号	6222020195901782956		账 号	6222021607024268206
	开户银行	中国工商银行北京乐城路支行		开户银行	中国工商银行潍坊望远路支行
金额	人民币（大写）	伍万元整		亿 千 百 十 万 千 百 十 元 角 分	¥ 5 0 0 0 0 0 0
票据种类	转账支票	票据张数 1			
票据号码	53210256				
	复核 记账			中国工商银行潍坊望远路支行 2020.3.20 转讫	收款人开户银行签章

此联是收款人开户银行给持票人的收账通知

4. 3 月 20 日，会计人员通过网上银行支付管理部门水费 27 250 元，如凭证 4-1 至凭证 4-3 所示。

凭证 4-1

3700194425 **山东增值税专用发票** NO. 01548762 3700194425 01548762

抵扣联

开票日期：2020年3月20日

购买方	名 称：山东天海有限责任公司 纳税人识别号：91370203765676788N 地 址、电 话：山东省潍坊市文昌区望远路288号0536-2600888 开户行及账号：中国工商银行潍坊望远路支行6222021607024268206				密码区	1<6<6>**59033163554328/098> 5>4-<+>/0<38+75628-+6++8+12 09>>+-*93+>23-+/>26401/3/34 5/320+6+*<2<>45+-0/-*2+66--	
货物或应税劳务、服务名称	规格型号	单位	数 量	单 价	金 额	税 率	税 额
*水冰雪*水费		吨	6010	4.16	25000.00	9%	2250.00
合 计					¥25000.00		¥2250.00
价税合计（大写）	⊗贰万柒仟贰佰伍拾元整				（小写）¥27250.00		
销售方	名 称：潍坊市自来水公司 纳税人识别号：913706129661988765 地 址、电 话：潍坊市潍城区长松路19号 0536-6656089 开户行及账号：交通银行潍城区长松路支行6222021607033338876				备注	潍坊市自来水公司 913706129661988765 发票专用章	

收款人：刘青青 复核：张天 开票人：韩玉玉 销售方：（章）

第二联：抵扣联 购买方抵扣凭证

凭证 4-2

3700194425 **山东增值税专用发票** NO. 01548762 3700194425 01548762

发票联

开票日期：2020年3月20日

购买方	名　　称：山东天海有限责任公司 纳税人识别号：91370203765676788N 地 址、电 话：山东省潍坊市文昌区望远路288号0536-2600888 开户行及账号：中国工商银行潍坊望远路支行6222021607024268206	密码区	1<6<6>**59033163554328/098> 5>4-<+>/0<38+75628-+6++8+12 09>>+-*93+>23-+/>26401/3/34 5/320+6+*<2<>45+-0/-*2+66--

货物或应税劳务、服务名称	规格型号	单位	数量	单价	金额	税率	税额
*水冰雪*水费		吨	6010	4.16	25000.00	9%	2250.00
合　　计					¥25000.00		¥2250.00
价税合计（大写）	⊗贰万柒仟贰佰伍拾元整				（小写）¥27250.00		

销售方	名　　称：潍坊市自来水公司 纳税人识别号：913706129661988765 地 址、电 话：潍坊市潍城区长松路19号 0536-6656089 开户行及账号：交通银行潍城区长松路支行6222021607033338876	备注	潍坊市自来水公司 913706129661988765 发票专用章

收款人：江 峰　　复核：陆静怡　　开票人：韩玉玉　　销售方：（章）

第三联：发票联 购买方记账凭证

凭证 4-3

中国工商银行　　网上银行电子回单

电子回单号码：0005864218577700

付款人	户　名	山东天海有限责任公司	收款人	户　名	潍坊市自来水公司
	账　号	6222021607024268206		账　号	6222021607033338876
	开户银行	中国工商银行潍坊望远路支行		开户银行	交通银行潍城区长松路支行
金　额		人民币贰万柒仟贰佰伍拾元整　¥27 250.00			
摘　要		支付水费	业务（产品）种类		
用　途					
交易流水号		00083000	时间戳		2020-3-20-15:31:28 084175
中国工商银行 电子回单 专用章		备注： 附言：　支付交易序号：　报文种类：　汇兑支付报文 委托日期：　业务种类：　普通汇兑　收款人地址：　付款人地址：			
		验证码：YUDAMMEOUEWOMNSLWE			

记账网点 0021　　记账柜员 000999　　记账日期 2020-03-20

打印日期：2020年03月20日

重要提示：

1. 如果您是收款方，请到工行网站www.icbc.com.cn电子回单验证处进行回单验证。
2. 本回单不作为收款方发货依据，并请勿重复记账。
3. 您可以选择发送邮件，将此电子回单发送给指定的接收人。

5. 3 月 21 日，公司收到银行利息清单，如凭证 5-1 所示。

凭证 5-1

中国工商银行（潍坊望远路支行）计付存款利息清单（收款通知）

2020年03月21日

单位名称：山东天海有限责任公司					
结算账号：6222021607024268206			存款账号：6222021607024268206		
编号	计息类型	计息起讫日期	计息积数	利率	利息金额
	活期储蓄存款	2020.01.01-2020.03.20	2 000 000.00	0.35%	1 750.00
摘要：利息				金额合计	¥1 750.00
金额合计（大写）壹仟柒佰伍拾元整					

中国工商银行 潍坊望远路支行 2020.03.21 转讫

复核：　　　　记账：

要求 1：根据上述业务资料，请以公司财务部"会计于林"的身份审核原始凭证并填制记账凭证。

要求 2：以山东天海有限责任公司"财务经理张宇"的身份，审核"会计于林"填制的记账凭证，对不符合要求或不正确的记账凭证，要求重新填制。

任务 2-5 会计账簿的登记

登记会计账簿是会计核算工作的一个重要环节，也是编制会计报表的基础，还是连接会计凭证与会计报表的中间环节。做好登记账簿工作，对提高会计报表的编制质量、加强经济管理都具有十分重要的意义。

【工作流程】

会计账簿包括登记日记账、明细账以及总账。如果在登记各类账簿时出现了问题，应按照错账更正方法进行更正，具体工作流程如图 2-9 所示，其中：①表示正确编制记账凭证后传递给审核人员审核记账凭证；②表示根据审核无误的会计凭证登记日记账、各类明细账；③表示汇总审核无误的记账凭证编制科目汇总表；④表示根据科目汇总表登记总账；⑤表示登记各类账簿过程中出现错误后采用错账更正法更正。

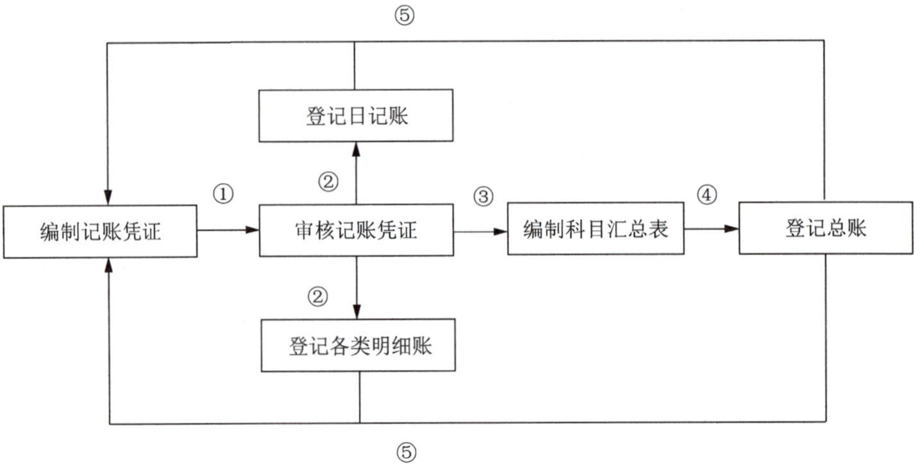

图 2-9 登账工作流程图

【真操实练】

一、账簿分类

(一) 日记账

日记账又称序时账，包括现金日记账与银行存款日记账，是按经济业务发生或完成时间的顺序逐日逐笔登记，反映货币资金收付业务的账簿。日记账一般采用三栏式订本账。

(二) 明细账

明细账即明细分类账的简称，是按照二级账户或明细账户设置的，一般采用活页式。

各种明细账应根据审核无误的会计凭证登记，债权债务明细账和财产物资明细账应当逐笔登记,随时结出余额以便能随时核对结算金额或数量。明细账的格式主要有三栏式明细账、数量金额式明细账和多栏式明细账。

1. 三栏式明细账

三栏式明细账设有借方、贷方、余额三个金额栏。三栏式明细账只登记金额,适用于应收账款、应付账款等明细核算。

2. 数量金额式明细账

数量金额式明细账设有收入、支出和结存的数量栏及金额栏,用来登记既要反映金额,又要反映实物数量的经济业务,适用于财产物资的明细核算。

3. 多栏式明细账

多栏式明细账又称为分栏式明细账,是在一张账页内分设若干个专栏,用来登记明细项目较多,借贷方向单一的经济业务的账簿。多栏式明细账适用于成本费用类和收入类账户的明细核算。

(三) 总账

总账即总分类账簿的简称,是按照一级账户设置的。一本总账基本包括了一个单位的所有一级账户。总账的登记,可以根据记账凭证逐笔登记,也可以通过一定的方式分期或按月一次汇总成汇总记账凭证或科目汇总表,然后登记。总账登记的依据和方法,取决于企业采用的账务处理程序。需要注意的是,总账与明细账是同期间、同方向、同金额、同依据的平行登记的关系。

二、建账

建账是企业根据需要和经济业务情况,按照我国《企业会计准则》和《会计工作基础规范》设置并开设所需账簿的过程,具体操作如下所述。

(一) 选择账簿

账簿分为订本式和活页式账簿:总账、日记账使用订本式,明细账使用活页式,并将活页的账页装订成册。

(二) 填写"账簿启用表"与"账簿经管人员一览表"

账簿启用表标明企业名称、账簿名称、册数、起止页数、启用日期以及记账人员和会计主管人员姓名,在企业名称处应加盖公章,负责人姓名后应加盖个人名章。记账人员或会计主管人员在本年度调动工作时,应注明交接日经办人员和监交人员姓名,并由交接双方签名或盖章,以明确经济责任。

(三) 开设账户

开设账户是指按照会计科目表的顺序、名称,在总账账页上建立总账账户,并根据总账账户明细核算的要求,建立二级、三级等明细账户。新年度开始,建立账户的同时,应将上年账户余额结转至本年,即登记为本年的期初余额。

(四) 填写编号、科目索引与封面

启用订本式账簿时,应按照会计科目的编号顺序填写科目名称及启用页码,从第一页起到最后一页止依序编定号码,不得跳页、缺号。

启用活页式明细分类账时,应按照所属会计科目填写科目名称,在年度结账后,撤去空白账页,顺序编号,填写页码。

各账户填写号码后,应填科目索引页,将账户名称页次登入目录内,并粘贴口取纸,写明账户名称,以便于检索。

(五) 粘贴印花税票

需缴纳印花税的账簿在启用时应粘贴印花税票。印花税票应粘贴在账簿启用表的右上角,并在印花税票中央划两条出头的平行线,以示注销。

三、登账方法

(1) 根据审核无误的会计凭证及时登记各种账簿。登记账簿时,应将会计凭证的日期、编号、摘要等信息逐项登记入账。

(2) 账簿登记完毕,应在“过账”栏内标记“√”符号,表示已登记入账,并在记账凭证上签字或盖章。

(3) 必须用蓝黑墨水或黑色墨水的笔书写,不得使用铅笔或圆珠笔(银行的复写账簿除外)登账,红色墨水只能在结账划线、红字冲销时使用。

(4) “摘要”栏内的说明应简明扼要,文字要规范,“金额”栏内数字应与账簿注明的位数对准,各账户结出余额后,应在“借或贷”栏内写明“借”或“贷”。没有余额的账户在“借或贷”栏内写“平”字,在“余额”栏元位上写“θ”。

(5) 必须逐页、逐行顺序连续登记,不得隔页、跳行,如不慎发生此种情况,应在空页或空行处用红色墨水对角线划线注销,并注明“此页空白”或“此行空白”字样。

(6) 账簿记录发生错误时,不得刮、擦、挖、补,随意涂改或用褪色药水更改字迹,应根据错误的情况,按规定的方法进行更正。

四、错账更正方法

(一) 划线更正法

划线更正法适用于记账凭证正确,登记账簿错误的情况。具体更正方法如下:

(1) 先在错误的文字或数字上划一条红线。

(2) 然后将正确的文字或数字写在被注销的文字上端空白处。

(3) 由记账人员在更正处签章。

需要注意的是,对错误的数字必须全部划掉,不能只划掉其中的部分数字,划掉的数字必须保持清晰可见。

(二) 红字更正法

红字更正法适用于记账凭证错误引发的登账错误,具体表现为两种情况:

(1) 记账之后，发现原记账凭证中会计科目名称错误，或借贷方向错误，或科目、金额同时错误而造成账簿记录错误。

这种情况下的更正方法是：首先用红字填制一张内容与原错误登记凭证完全相同的记账凭证，凭证摘要栏注明“冲销×月×日×号凭证”并据以用红字入账。然后再用蓝字重新填写一张正确的记账凭证，凭证摘要栏注明“更正×月×日×号凭证”并据以用蓝字登记入账。

(2) 记账后发现会计科目及记账方向无误，只是所记金额多于应记的正确金额。

这种情况下的更正方法为：将多记的金额，用红字填制一张与原错误凭证的记账方向、会计科目完全相同的记账凭证，凭证摘要栏注明“冲销×月×日×号凭证多记金额”并据以用红字登记入账。

(三) 补充登记法

补充登记法适用于记账以后发现记账凭证所列账户对应关系正确无误，只是所记金额少于正确金额情况，具体更正方法是：将少记的金额，用蓝字填制一张与原记账凭证的记账方向、会计科目相同的记账凭证，在摘要栏注明“补充×月×日×号凭证少记金额”，并据以用蓝字登记入账。

任 务 练 习

1. 登记现金日记账。

山东天海有限责任公司 2020 年 5 月库存现金的期初余额为 5 000 元，会计于林根据发生的经济业务编制记账凭证，如凭证 1-1 至凭证 1-6 所示。

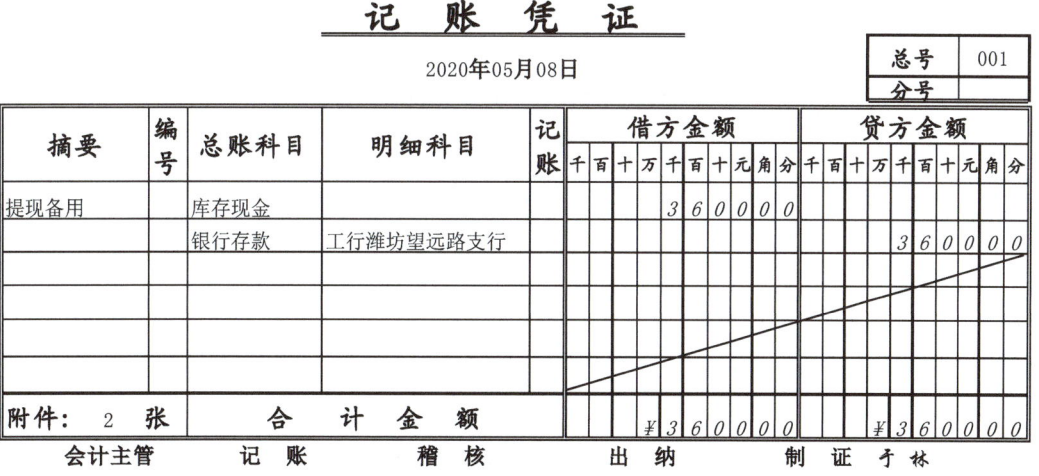

凭证 1-1

记 账 凭 证

2020年05月08日

总号	001
分号	

摘要	编号	总账科目	明细科目	记账	借方金额										贷方金额									
					千	百	十	万	千	百	十	元	角	分	千	百	十	万	千	百	十	元	角	分
提现备用		库存现金							3	6	0	0	0	0										
		银行存款	工行潍坊望远路支行																3	6	0	0	0	0
附件： 2 张		合 计 金 额						¥	3	6	0	0	0	0				¥	3	6	0	0	0	0

会计主管　　记 账　　稽 核　　出 纳　　制 证 于林

凭证 1-2

记 账 凭 证

2020年05月11日

总号 002
分号

摘要	编号	总账科目	明细科目	记账	借方金额										贷方金额									
					千	百	十	万	千	百	十	元	角	分	千	百	十	万	千	百	十	元	角	分
预借差旅费		其他应收款	王琳							4	0	0	0	0										
		库存现金																		4	0	0	0	0
附件：1 张		合计金额							¥	4	0	0	0	0					¥	4	0	0	0	0

会计主管　　记账　　稽核　　出纳　　制证 于林

凭证 1-3

记 账 凭 证

2020年05月13日

总号 003
分号

摘要	编号	总账科目	明细科目	记账	借方金额										贷方金额									
					千	百	十	万	千	百	十	元	角	分	千	百	十	万	千	百	十	元	角	分
提现备用		库存现金							3	0	0	0	0	0										
		银行存款	工行潍坊望远路支行																3	0	0	0	0	0
附件：2 张		合计金额						¥	3	0	0	0	0	0				¥	3	0	0	0	0	0

会计主管　　记账　　稽核　　出纳　　制证 于林

凭证 1-4

记 账 凭 证

2020年05月20日

总号 004
分号

摘要	编号	总账科目	明细科目	记账	借方金额										贷方金额									
					千	百	十	万	千	百	十	元	角	分	千	百	十	万	千	百	十	元	角	分
收到个人赔款		库存现金								3	0	0	0	0										
		其他应收款	韩雪雪																	3	0	0	0	0
附件：1 张		合计金额							¥	3	0	0	0	0					¥	3	0	0	0	0

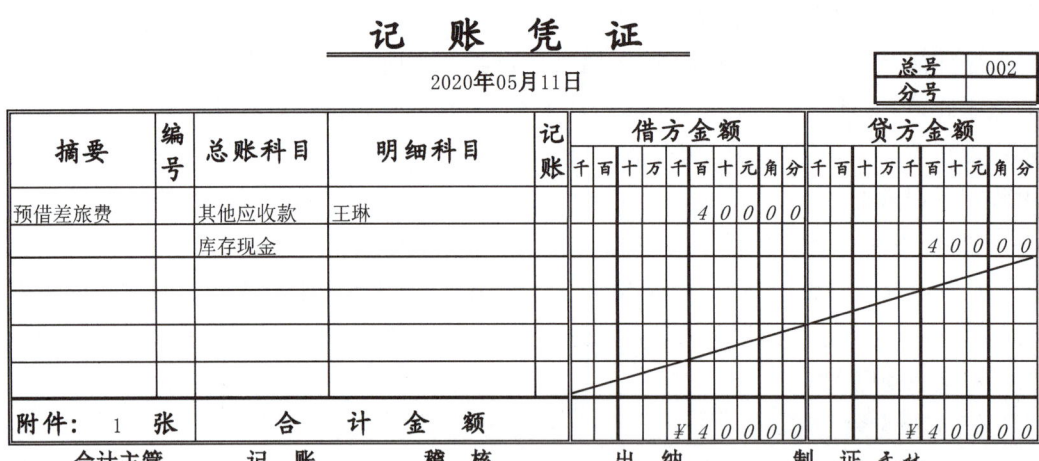

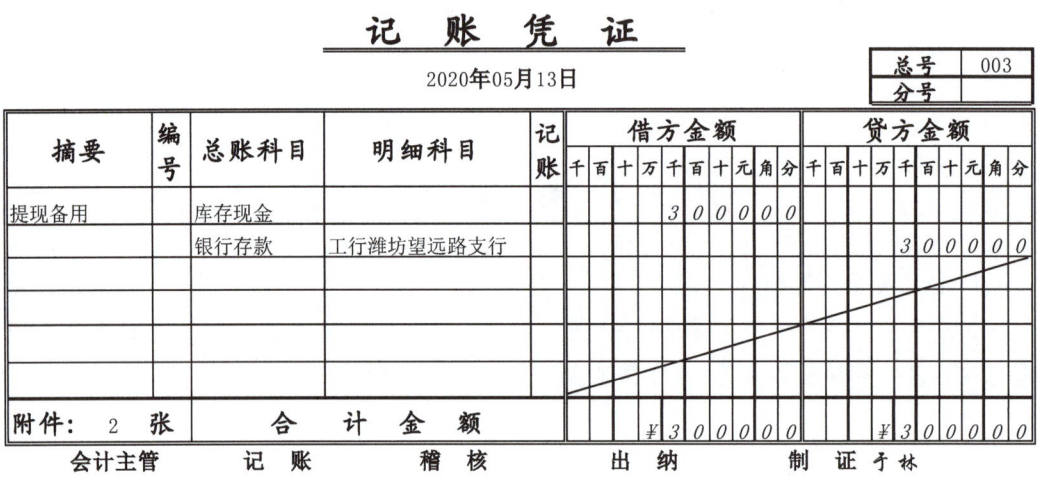

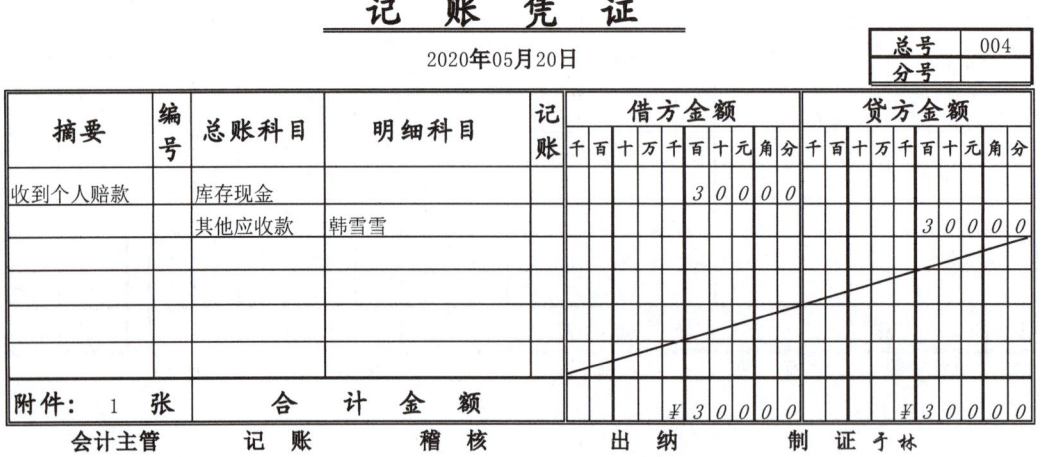

会计主管　　记账　　稽核　　出纳　　制证 于林

凭证 1-5

记账凭证

2020年05月20日

总号 005
分号

摘要	编号	总账科目	明细科目	记账	借方金额										贷方金额									
					千	百	十	万	千	百	十	元	角	分	千	百	十	万	千	百	十	元	角	分
退回差旅费		库存现金								1	2	5	0	0										
		其他应收款	王琳																	1	2	5	0	0
附件：1 张		合计金额							¥	1	2	5	0	0					¥	1	2	5	0	0

会计主管　　记账　　稽核　　出纳　　制证 于林

凭证 1-6

记账凭证

2020年05月21日

总号 006
分号

摘要	编号	总账科目	明细科目	记账	借方金额										贷方金额									
					千	百	十	万	千	百	十	元	角	分	千	百	十	万	千	百	十	元	角	分
购买办公用品		管理费用	办公费							3	0	0	0	0										
		应交税费	应交增值税（进项税额）								3	9	0	0										
		库存现金																		3	3	9	0	0
附件：2 张		合计金额							¥	3	3	9	0	0					¥	3	3	9	0	0

会计主管　　记账　　稽核　　出纳　　制证 于林

要求 1：根据上述资料，请以山东天海有限责任公司"出纳王鑫"的身份审核涉及货币资金的记账凭证。

要求 2：根据上述资料，请以山东天海有限责任公司"财务经理张宇"的身份审核上述记账凭证。

要求 3：请以山东天海有限责任公司"出纳王鑫"的身份登记现金日记账。

2. 登记银行存款日记账。

山东天海有限责任公司 2020 年 4 月中国工商银行基本存款账户的期初余额为人民币 300 000 元，该账户发生如下经济业务。

(1) 1 日，销售部购买办公用品，价值 2 000 元，以银行存款付讫。

(2) 2 日，签发现金支票 4 000 元，从银行提取现金以备日常开支。

(3) 4 日，使用银行存款 28 000 元，缴纳上月增值税。

(4) 5 日，从银行取得短期借款 80 000 元，存入银行账户。

(5) 6 日，通过银行转账方式发放上月职工工资 100 000 元。

(6) 10日,收到银行进账单,新华公司支付上月所欠货款95 000元。

(7) 10日,开出转账支票2 800元,支付本月生产车间机器修理费。

(8) 11日,企业管理部报销购买办公用品费用530元,取得增值税普通发票,以银行存款付讫。

(9) 30日,公司以银行转账方式支付本月网络服务费,共计1 545元。

要求1:根据上述资料,请以"会计于林"的身份填制记账凭证。

要求2:根据上述资料,请以公司"出纳王鑫"的身份审核涉及货币资金的记账凭证。

要求3:请以公司"财务经理张宇"的身份审核"会计于林"填制的记账凭证。

要求4:根据财务经理张宇审核无误的记账凭证,以"出纳王鑫"的身份登记中国工商银行账户银行存款日记账。

3. 登记三栏式明细账和数量金额式明细账。

山东天海有限责任公司2020年8月原材料总分类账户的期初余额为536 000元。其中:

马口铁20 000千克,每千克11元,计220 000元。

PVC树脂10 000千克,每千克9.30元,计93 000元。

白色油墨2 000千克,每千克44元,计88 000元。

蓝色、黄色、红色油墨各1 000千克,每千克45元,合计135 000元。

应付账款总分类账户的余额为260 000元,其中:红星工厂90 000元,红光工厂70 000元,兴光工厂100 000元。银行结算款项均从公司基本存款账户进行核算。

公司发出材料采用先进先出法核算。公司2020年8月份发生以下经济业务:

(1) 8月3日,向红星工厂购入马口铁2 000千克,计22 000元;PVC树脂1 000千克,计9 300元,增值税进项税额4 069元,材料已验收入库,货款尚未支付。

(2) 8月5日,以银行存款支付上月应付红星工厂材料款90 000元。

(3) 8月6日,向红光工厂购入PVC树脂1 400千克,计13 020元,增值税进项税额1 692.60元,材料已验收入库,货款尚未支付。

(4) 8月8日,以银行存款支付上月应付红光工厂材料款70 000元。

(5) 8月13日,车间生产1号瓶盖领用马口铁1 100千克,PVC树脂190千克。

(6) 8月16日,以银行存款支付3日应付红星工厂材料款。

(7) 8月18日,以银行存款支付6日应付红光工厂材料款。

要求1:根据上述资料,请以"会计于林"的身份填制记账凭证。

要求2:请以"财务经理张宇"的身份审核上述记账凭证。

要求3:请以"会计于林"的身份登记"应付账款——红星工厂"明细账、"应付账款——红光工厂"明细账、"原材料——马口铁"明细账、"原材料——PVC树脂"明细账。

4. 登记多栏式明细账。

山东天海有限责任公司2020年11月部分账户期初余额如下:

"生产成本——1号瓶盖"账户期初余额63 000元,其中直接材料33 000元,直接人工18 000元,制造费用12 000元。

本月发生以下经济业务：

(1) 15 日，生产 1 号瓶盖领用马口铁 121 000 元，生产 2 号瓶盖领用马口铁 198 000 元，车间领用马口铁 20 000 元，企业管理部门领用马口铁 10 000 元。

(2) 30 日，分配生产工人工资 75 000 元(其中生产 1 号瓶盖工人工资 45 000 元，生产 2 号瓶盖工人工资 30 000 元)，车间管理人员工资 20 000 元，企业管理人员工资 55 000 元。

(3) 30 日，计提车间固定资产折旧 35 000 元，企业管理部门固定资产折旧 25 000 元。

(4) 30 日，按生产工时比例法分配制造费用，其中 1 号瓶盖耗用 4 000 工时，2 号瓶盖耗用 6 000 工时。

(5) 30 日，本月 1 号瓶盖全部完工，2 号瓶盖全部没有完工，结转完工产品成本。

要求 1：根据上述资料，请以“会计于林”的身份填制记账凭证。

要求 2：请以“财务经理张宇”的身份审核上述记账凭证。

要求 3：请以“会计于林”的身份登记“生产成本——1 号瓶盖”明细账、“生产成本——2 号瓶盖”明细账、“制造费用”明细账。

5. 登记总账。

山东天海有限责任公司 2020 年 5 月 31 日的科目余额如表 2-10 所示。

表 2-10 科目余额表 单位:元

会计科目	期末余额	
	借方	贷方
库存现金	5 000.00	
银行存款	2 660 000.00	
应收账款	128 000.00	
原材料	795 000.00	
库存商品	924 250.00	
短期借款		240 000.00
应付票据		300 000.00
应付账款		916 850.00
预收账款		593 000.00
应交税费		250 000.00
应付职工薪酬		212 400.00
实收资本		2 000 000.00
合计	4 512 250.00	4 512 250.00

2020 年 6 月编制的科目汇总如表 2-11 所示。

表 2-11　科目汇总表

单位：山东天海有限责任公司　　2020 年 6 月 30 日　　单位：元

会计科目	借方										✓	贷方										✓
	千	百	十	万	千	百	十	元	角	分		千	百	十	万	千	百	十	元	角	分	
库存现金					3	0	0	0	0	0						7	2	4	0	0	0	
银行存款			9	8	3	0	0	0	0	0			1	0	2	8	0	0	0	0	0	
应收账款			2	7	9	8	0	0	0	0				2	1	3	0	0	0	0	0	
原材料			2	5	0	0	0	0	0	0				1	0	0	0	0	0	0	0	
库存商品			4	2	6	5	0	0	0	0				9	5	0	0	0	0	0	0	
短期借款				4	0	0	0	0	0	0												
应付票据			2	4	0	0	0	0	0	0					3	0	0	0	0	0	0	
应付账款			1	5	0	0	0	0	0	0												
预收账款			5	9	3	0	0	0	0	0				6	5	0	0	0	0	0	0	
应交税费			2	5	0	0	0	0	0	0				3	2	5	4	6	0	0	0	
应付职工薪酬			2	1	2	4	0	0	0	0				1	2	4	0	0	0	0	0	
合　　计		3	4	2	7	7	0	0	0	0			3	4	2	7	7	0	0	0	0	

要求：根据科目汇总表，以“财务经理张宇”的身份登记总账。

6. 错账更正。

山东天海有限责任公司于 2020 年 9 月末发现 3 笔业务有问题：

(1) 收到清远公司前欠货款 87 650 元，填制的记账凭证无误，会计于林登记的“应收账款”明细账，如账簿 6-1 所示，误将 87 650 元登记为 86 750 元。

账簿 6-1

应收账款 明细账

二级 科目 清远公司

2020年		凭证号数	摘 要	对方科目	借 方										贷 方										借或贷	余 额									
月	日				千	百	十	万	千	百	十	元	角	分	千	百	十	万	千	百	十	元	角	分		千	百	十	万	千	百	十	元	角	分
09	01		月初余额																						借			1	0	0	0	0	0	0	0
09	08	记008	收回前欠货款					8	6	7	5	0	0	0											借			1	8	6	7	5	0	0	0

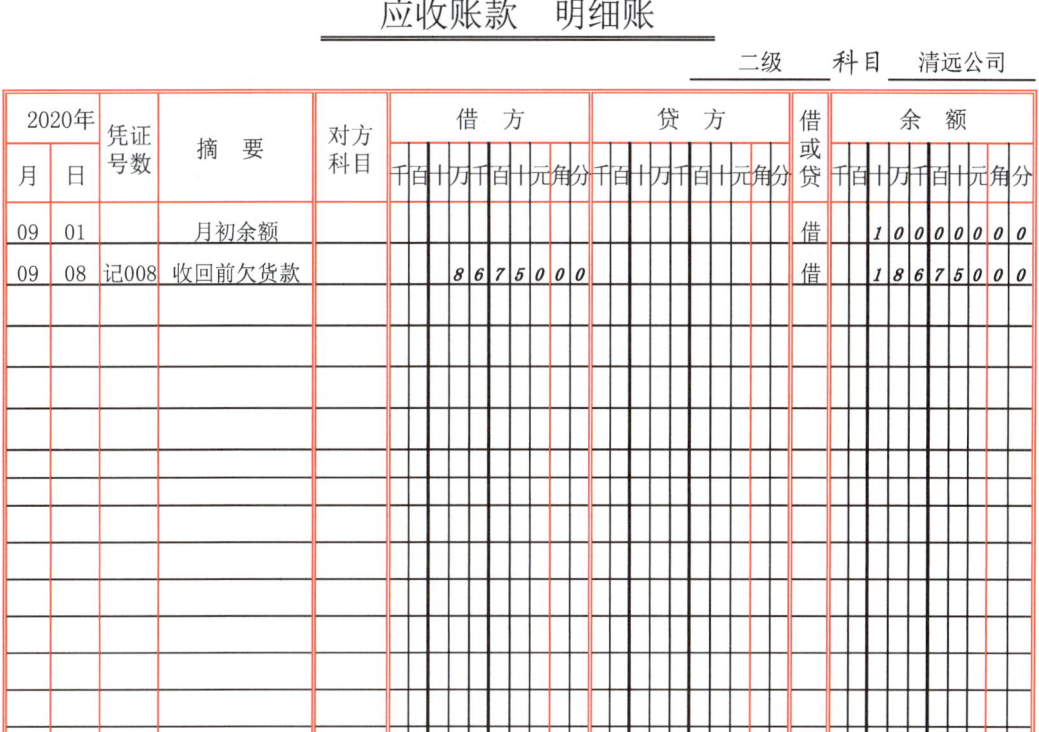

（2）以银行存款支付广告费 10 000 元（取得增值税普通发票），填制的记账凭证（凭证 6-1），登记的明细账如账簿 6-2、账簿 6-3 所示，本月记账凭证已编至第 030 号。

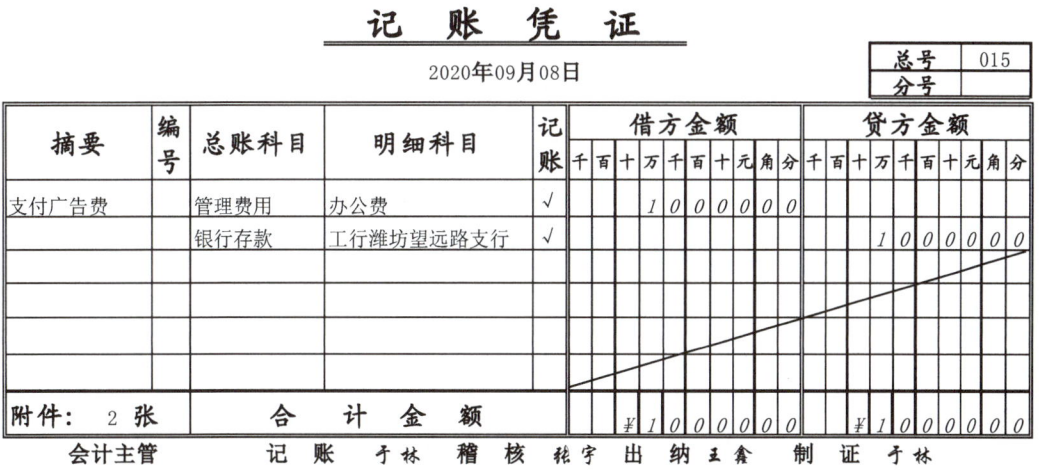

凭证 6-1

记 账 凭 证

2020年09月08日

总号	015
分号	

摘要	编号	总账科目	明细科目	记账	借方金额										贷方金额									
					千	百	十	万	千	百	十	元	角	分	千	百	十	万	千	百	十	元	角	分
支付广告费		管理费用	办公费	√				1	0	0	0	0	0	0										
		银行存款	工行潍坊望远路支行	√														1	0	0	0	0	0	0
附件： 2 张		合 计 金 额					¥	1	0	0	0	0	0	0			¥	1	0	0	0	0	0	0

会计主管　　记 账 于林　　稽 核 张宇　　出 纳 王鑫　　制 证 于林

账簿 6-2

管理费用 明细账

会计科目 管理费用

明细科目

2020年 月	2020年 日	凭证 种类	凭证 号数	摘要	（借）方发生额	明细项目：办公费	明细项目：差旅费	明细项目：水电费			
09	08	记字	015	支付广告费	1000000	1000000					
09	10	记字	016	支付水电费	2800000			2800000			

账簿 6-3

销售费用 明细账

会计科目 销售费用

明细科目

2020年		凭证		摘要	（借）方发生额	明细项目						
月	日	种类	号数		百十万千百十元角分	广告费 百十万千百十元角分	差旅费 百十万千百十元角分	水电费 百十万千百十元角分	百十万千百十元角分	百十万千百十元角分	百十万千百十元角分	百十万千百十元角分
09	10	记字	010	支付广告费	20000000	20000000						

(3) 采购部史帅预借差旅费 1 280 元。财务人员填制的记账凭证如凭证 6-2 所示，登记的明细账如账簿 6-4、账簿 6-5 所示，本月记账凭证已编至第 030 号。

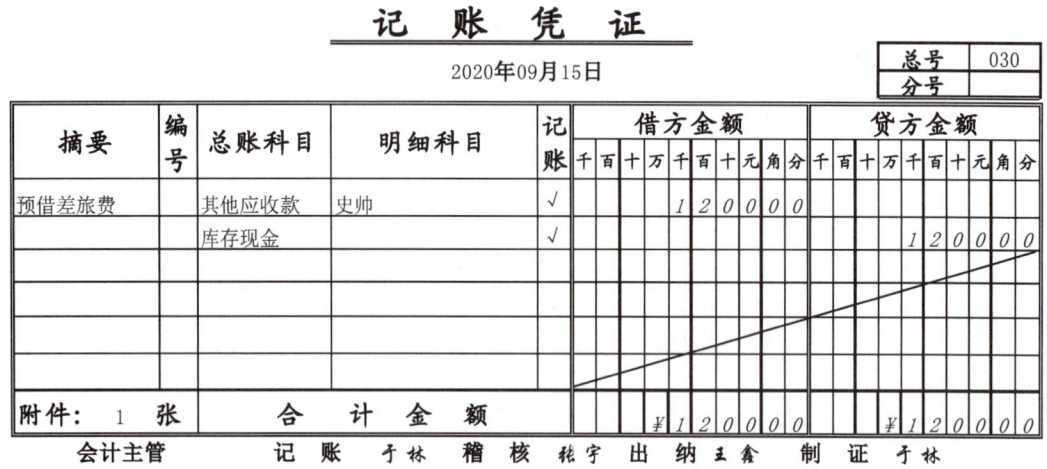

凭证 6-2

记　账　凭　证

2020年09月15日

总号	030
分号	

摘要	编号	总账科目	明细科目	记账	借方金额										贷方金额									
					千	百	十	万	千	百	十	元	角	分	千	百	十	万	千	百	十	元	角	分
预借差旅费		其他应收款	史帅	√					1	2	0	0	0	0										
		库存现金		√															1	2	0	0	0	0
附件：1 张		合　计　金　额						¥	1	2	0	0	0	0				¥	1	2	0	0	0	0

会计主管　　记账 于林　稽核 张宇　出纳 王鑫　制证 于林

账簿 6-4

现金日记账　　8

2020年		凭证编号	摘　要	对应科目	借方										贷方										借或贷	余额									
月	日				千	百	十	万	千	百	十	元	角	分	千	百	十	万	千	百	十	元	角	分		千	百	十	万	千	百	十	元	角	分
09	01		月初余额																						借					1	0	0	0	0	0
09	08	记字022	提取备用金						4	0	0	0	0	0											借					4	0	0	0	0	0
09	10	记字025	购买办公用品																	2	4	0	0	0	借					3	7	6	0	0	0
09	15	记字030	预借差旅费																1	2	0	0	0	0	借					2	5	6	0	0	0

账簿 6-5

其他应收款 明细账

二级 科目 史帅

2020年		凭证号数	摘要	对方科目	借方										贷方										借或贷	余额									
月	日				千	百	十	万	千	百	十	元	角	分	千	百	十	万	千	百	十	元	角	分		千	百	十	万	千	百	十	元	角	分
09	01		月初余额																						借					2	0	0	0	0	0
09	05	记008	报销差旅费						2	0	0	0	0	0											平								0		
09	15	记030	预借差旅费						1	2	0	0	0	0											借					1	2	0	0	0	0

要求：根据上述业务，采用正确的错账更正方法进行更正。

任务 2-6 财 产 清 查

财产清查是通过对货币资金、实物资产和往来款项等财产物资进行盘点或核对，确定其实存数，查明账存数与实存数是否相符的一种专门方法。

【工作流程】

账簿登记完成，接下来需要进行财产清查，具体工作流程如图 2-10 所示。

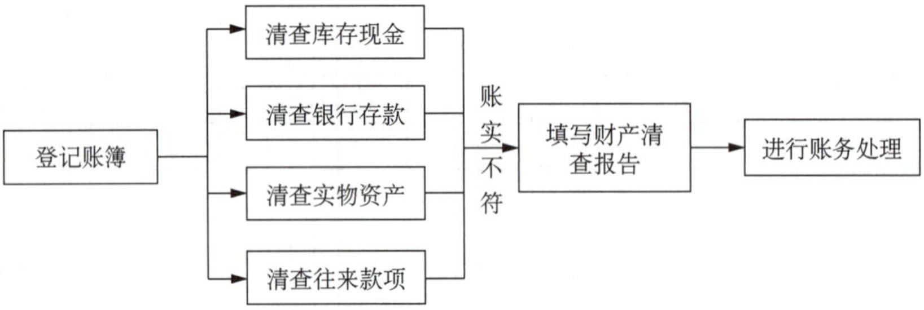

图 2-10 财产清查工作流程图

【真操实练】

一、库存现金的清查

（1）库存现金的清查采用实地盘点法。

（2）清点库存现金时，出纳人员必须在场以明确责任。

（3）库存现金清查的处理。实地清点后，确定库存现金的实际结存数，并将其与现金日记账的账面结存数进行核对，确定库存现金长短款金额，将清查结果填入“库存现金盘点报告表”，由盘点人员连同出纳人员签字盖章。

二、银行存款的清查

（1）清查方法。银行存款的清查是通过与单位开户银行核对账目记录的方法来完成，即将从银行取回来的对账单与本单位银行存款日记账逐笔进行核对，以查明其是否相符。

（2）银行对账单与企业银行日记账不符原因。银行对账单与本单位银行存款日记账的余额往往不符，造成不符的原因主要有两方面：一方面是双方记账可能有差错，另一方面是有未达账项。产生未达账项的原因是开户银行与企业办理结算手续在凭证传递、入账时间上的不一致。

（3）未达账项的四种情况：① 企业已入账，银行尚未入账的收款业务；② 企业已入账，银行尚未入账的付款业务；③ 银行已入账，企业尚未入账的收款业务；④ 银行已入账，企业尚未入账的付款业务。

(4) 编制“银行存款余额调节表”来检查银行与企业双方调整后的账面余额是否相符。

三、实物资产的清查

实物资产的清查，包括核对原材料、在产品、自制半产品、库存商品、低值易耗品等存货和固定资产等的清查，是从数量和质量上进行清查，并核定其实际价值。

(1) 实物资产的清查方法。实物资产清查的常用方法有实地盘点法和技术推算盘点法。

(2) 实物资产清查要求。为了明确责任，清查实物资产时，实物资产的保管人员和清查人员必须同时在场。

(3) 实物资产清查处理。清查结束后，清查人员应根据清查结果编制“盘存单”。“盘存单”应由清查人员和实物资产的保管人员签字或盖章，至少一式两份，一份交保管人员留存，一份交会计部门留存。

四、往来款项的清查

往来款项主要包括应收、应付款项和预收、预付款项等。往来款项的清查一般采用发函询证的方法进行，即采用通过函询与债权、债务单位核对账目的方法。

往来款项清查以后，将清查结果编制“往来款项清查报告单”。

任务练习

1. 库存现金的清查。

2020 年 5 月 31 日，山东天海有限责任公司采用实地盘点法对库存现金进行清查盘点，发现现金实存数为 4 200 元，其中面值壹佰元人民币 42 张，而现金日记账的账面余额为 3 960 元。本月记账凭证编号已编至第 060 号。

要求 1：根据上述资料，以山东天海有限责任公司“会计于林”的身份填写“库存现金盘点报告表”，如凭证 1-1 所示。

凭证 1-1

库存现金盘点报告表

年　　月　　日　　　　　　　　　　　　　　单位:元

票面额	张数	金额	票面额	张数	金额
壹佰元			伍　角		
伍拾元			贰　角		
贰拾元			壹　角		
拾　元			伍　分		
伍　元			壹　分		
壹　元			合　计		
库存现金日记账账面余额：					
差额：					
处理意见：					

监盘人：　　　　　　　　　盘点人：　　　　　　　　　出纳：

要求 2：根据上述资料，以山东天海有限责任公司“会计于林”的身份完成相关账务处理，如账簿 1-1、账簿 1-2 所示。

账簿 1-1

现金日记账　　　　4

2020年		凭证编号	摘要	对应科目	借方										贷方										借或贷	余额									
月	日				千	百	十	万	千	百	十	元	角	分	千	百	十	万	千	百	十	元	角	分		千	百	十	万	千	百	十	元	角	分
			承前页					5	2	0	0	0	0	0					1	2	6	0	0	0	借					5	9	6	0	0	0
05	20	记字020	报销办公费																1	0	0	0	0	0	借					4	9	6	0	0	0
05	31	记字025	购买办公用品																1	0	0	0	0	0	借					3	9	6	0	0	0

账簿 1-2

待处理财产损溢 明细账

二级 科目 待处理流动资产损溢

2020年		凭证号数	摘 要	对方科目	借 方										贷 方										借或贷	余 额									
月	日				千	百	十	万	千	百	十	元	角	分	千	百	十	万	千	百	十	元	角	分		千	百	十	万	千	百	十	元	角	分
04	30	记065	盘亏红色油墨							4	0	0	0	0											借						4	0	0	0	
04	30	记066	处理盘亏红色油墨																	4	0	0	0	0	平								θ		

2. 银行存款的清查。

山东天海有限责任公司 2020 年 3 月 31 日银行存款日记账余额为 92 000 元，银行转来对账单余额 139 300 元。经逐笔核对，发现下列未达账项。

（1）银行为公司代收光明公司购货款 77 600 元，银行已收妥入账，但公司尚未接到银行收款通知。

（2）公司开出转账支票一张，到银座商厦采购一批价值 39 700 元的办公用品，但银座商厦尚未将支票交到银行办理转账。

（3）公司收到一张金额 58 000 元的转账支票，公司已登账，支票尚未送达银行。

（4）银行扣收公司本季度贷款利息 12 000 元，银行已经登记，公司尚未接到银行贷款利息扣收通知。

要求 1：根据上述资料，以山东天海有限责任公司“会计于林”的身份对公司 2020 年 3 月份的银行存款日记账与银行对账单进行核对。

要求 2：根据上述资料，以山东天海有限责任公司“会计于林”的身份编制“银行存款余额调节表”，如表 2-12 所示。

表 2-12 银行存款余额调节表

编制单位：　　　　年　　月　　日　　　　单位:元

项目	金额	项目	金额
企业银行存款日记账余额		银行对账单余额	
加:银行已收、企业未收款		加:企业已收、银行未收款	
减:银行已付、企业未付款		减:企业已付、银行未付款	
调节后余额		调节后余额	

制表：

3. 实物资产的清查。

山东天海有限责任公司2020年9月份在财产清查中发现马口铁实存10 000千克,账存10 500千克,单位成本11元。经查实,盘亏的马口铁共500千克,价格为11元/千克,计5 500元,本月的记账凭证编号已编至第056号。

要求1:根据上述资料,请以山东天海有限责任公司“会计于林”的身份,根据清查结果填制“盘存单”和“实存账存对比表”,如表2-13和表2-14所示。

表 2-13 盘 存 单

编号：

单位名称：　　财产类别：　　盘点时间：　　存放地点：

编号	名称	规格型号	计量单位	数量	单价	金额	备注

盘点人：　　　　保管人：

表 2-14 实存账存对比表

单位名称：　　　　年　　月　　日　　　　单位:元

财产名称	计量单位	单价	实存		账存		对比结果		备注
			数量	金额	数量	金额	盘盈	盘亏	

单位负责人：　　　　填表人：

要求2:根据上述资料,以山东天海有限责任公司“会计于林”的身份进行账务处理,登记原材料明细账,如账簿3-1所示。

账簿 3-1

最高储存量 ______

最低储存量 132000

编号　　规格

原材料　明细账

单位　千克　　名称　马口铁

本账页数	
本户页数	

2020年		凭证		摘要	借方											贷方											借或贷	结存										
月	日	种类	号数		数量	单价	百	十	万	千	百	十	元	角	分	数量	单价	百	十	万	千	百	十	元	角	分		数量	单价	百	十	万	千	百	十	元	角	分
				承前页	12 000	11.00		1	3	2	0	0	0	0	0	10 000	11.00		1	1	0	0	0	0	0	0	借	10 500	11.00		1	1	5	5	0	0	0	0

4. 往来款项的清查。

山东天海有限责任公司 2020 年 11 月 30 日在财产清查中发现前欠梅林公司的货款 8 000 元，因对方单位撤销而无法清偿，按规定予以转销。

要求 1：根据上述资料，以山东天海有限责任公司“会计于林”的身份根据清查结果填制“往来款项清查报告单”，如表 2-15 所示。

表 2-15　往来款项清查报告单

编制单位：　　　　　　　　年　　月　　日　　　　　　　　单位：元

总分类账户		明细分类账户		核对结果		核对不符及原因					备注
名称	金额	名称	金额	核对相符金额	核对不符金额	核对不符金额	未达账款金额	争执款项金额	无法收付金额	其他	

清查人员：　　　　　　　　　　　　　　　　　　　　　　记账人员：

要求 2：根据上述资料，以山东天海有限责任公司“会计于林”的身份完成相应的账务处理，登记应付账款明细账，如账簿 4-1 所示。

账簿 4-1

应付账款　明细账

二级　科目　梅林公司

2020年		凭证号数	摘要	对方科目	借方										贷方										借或贷	余额									
月	日				千	百	十	万	千	百	十	元	角	分	千	百	十	万	千	百	十	元	角	分		千	百	十	万	千	百	十	元	角	分
11	01		月初余额																						贷				1	1	0	0	0	0	0
11	05	记字022	偿还欠款						3	0	0	0	0	0											贷					8	0	0	0	0	0

任务 2-7　对账与结账

为了保证账簿记录的真实可靠，对账簿和账户所记录的有关数据加以检查核对，保证会计信息质量，还应完成对账与结账。

【工作流程】

登记完各账簿、清查完财产后要核对账目，账目核对无误后进行结账，具体工作流程如图 2-11 所示。其中：①表示账证核对；②表示账账核对；③表示结账。

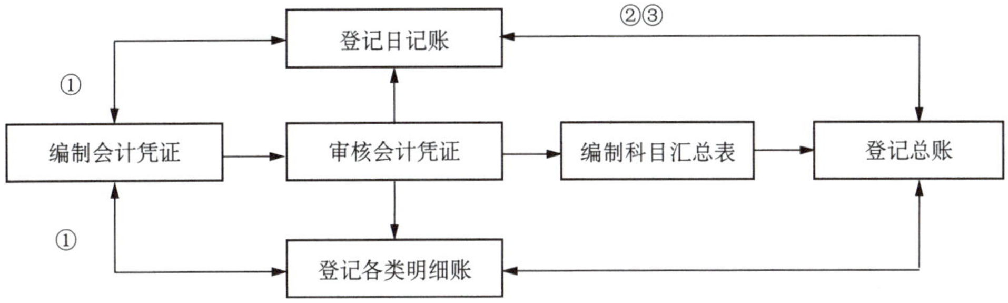

图 2-11　对账、结账流程图

【真操实练】

一、对账

对账即核对账目，是为了保证账簿记录真实、完整和准确，对有关数据进行检查和核对的方法。对账包括账证核对、账账核对和账实核对。

账证核对即各种账与有关的会计凭证的核对，可以逐笔核对，也可以抽查核对。

账账核对即总账内部的核对、总账与日记账的核对、总账与明细账的核对、明细账与保管账的核对。

账实核对即现金日记账账面余额应与现金实际库存数额逐日核对相符；银行存款日记账账面余额应与开户银行账目定期核对相符；各种物资明细账的账面余额应与其实存数额核对相符；各种应收、应付款明细账账面余额应与有关债权、债务单位或个人的记录核对相符。

二、结账

结账是指在会计期末，在将本期所发生的经济业务全部登记入账的基础上，结算出各种账簿的本期发生额和期末余额，并将期末余额结转至下一会计期间的方法。

(1) 对于不需要按月结计本期发生额的账户，如各种应收、应付款明细账和各种财产物资明细账等，每次记账以后，都要随时结出余额，每月最后一笔余额是月末余额，即月末余额就是本月最后一笔经济业务记录的同一行内余额。月末结账时，只需要在本月最后一笔经济业务记录之下通栏划单红线，不需要再次结计余额。

(2) 现金、银行存款日记账和需要按月结计发生额的收入、费用等明细账，每月结账时，要在最后一笔经济业务记录下面通栏划单红线，结出本月发生额和余额，在摘要栏内注明“本月合计”字样，并在下面通栏划单红线。

(3) 对于需要结计本年累计发生额的明细账户，每月结账时，应在“本月合计”行下结出自年初起至本月末止的累计发生额，登记在月份发生额下面，在摘要栏内注明“本年累计”字样，并在下面通栏划单红线。12 月末的“本年累计”就是全年累计发生额，全年累计发生额下通栏划双红线。

(4) 总账账户平时只需结出月末余额。年终结账时，为了总括地反映全年各项资金运动情况的全貌，核对账目时要将所有总账账户结出全年发生额和年末余额，在摘要栏内注明“本年合计”字样，并在合计数下通栏划双红线。

(5) 年度终了结账时，对有余额的账户，应将其余额结转至下年，并在摘要栏注明“结转下年”字样；在下一会计年度新建有关账户的第一行余额栏内填写上年结转的余额，并在摘要栏注明“上年结转”字样，使年末有余额账户的余额如实地在账户中加以反映，以免混淆有余额的账户和无余额的账户。

任 务 练 习

资料：项目三综合实训中所涉及的会计凭证、总账、日记账、明细账和财务报表等。

要求：根据山东天海有限责任公司的账务资料，以“财务经理张宇”的身份完成对账、结账工作。

任务 2-8 会计报表的编制

会计报表是根据账簿记录和有关资料加以汇总整理，按照一定格式包括反映企事业单位的财务状况、经营成果和现金流量的一种报告文件。

【工作流程】

编制会计报表的具体工作流程如图 2-12 所示。公司在对账、结账工作结束后，根据各类账簿编制各报表，其中：①表示根据各类账簿编制资产负债表；②表示根据各类账簿编制利润表。

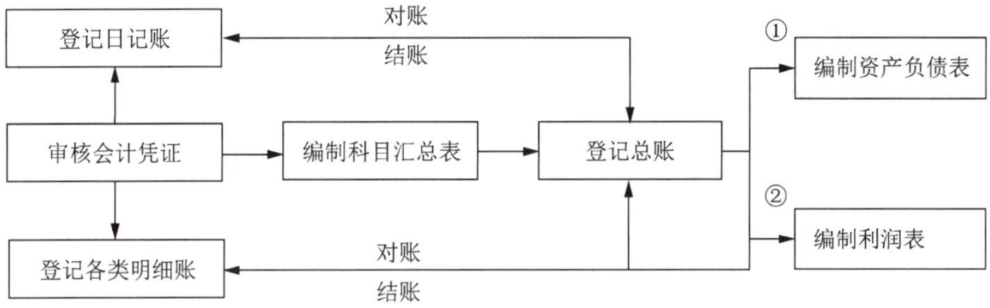

图 2-12 编制会计报表工作流程图

【真操实练】

一、编制资产负债表

(一) 资产负债表基本结构

我国资产负债表的格式为账户式，分为左、右两方。左方反映企业所拥有的全部资产，右方反映企业的负债和所有者权益。负债具有优先偿还的特性，列示于所有者权益之前。

(二) 资产负债表编制基础

编制资产负债表的依据是：

资产＝负债＋所有者权益

(三) 资产负债表编制方法

资产负债表各项目均需填列“年初余额”和“期末余额”两栏。

1. 资产负债表“年初余额”栏填列方法

资产负债表“年初余额”栏内各项数字，应根据上年年末资产负债表“期末余额”栏内所列数字填列。

2. 资产负债表“期末余额”栏填列方法

资产负债表“期末余额”栏内各项数字，应根据资产、负债和所有者权益类账户的期末余额填列。具体填列方法如下：

（1）根据总账科目余额填列。资产负债表中的有些项目，可直接根据有关总账科目的期末余额填列，如“短期借款”“资本公积”等项目。

有些项目则需根据几个总账科目的期末余额计算填列，如“货币资金”项目，需根据“库存现金”“银行存款”和“其他货币资金”三个总账科目的期末余额合计数填列。

（2）根据明细账科目余额计算填列。例如，“应付账款”项目，需要根据“应付账款”和“预付账款”两个科目所属的相关明细科目的期末贷方余额计算填列；“预付款项”项目，需要根据“应付账款”科目和“预付账款”科目所属的相关明细科目的期末借方余额，减去与“预付账款”科目有关的“坏账准备”科目贷方余额计算填列。

（3）根据总账科目和明细账科目余额分析计算填列，如“长期借款”项目，需要根据“长期借款”总账科目余额扣除“长期借款”科目所属的明细科目中1将在1年内到期且企业不能自主地将清偿义务展期的长期借款后的金额计算填列。

（4）根据有关科目余额减去其备抵科目余额后的净额填列。例如，“固定资产”项目期末余额＝“固定资产”总账科目期末余额－“累计折旧”总账科目期末余额－“固定资产减值准备”总账科目期末余额＋“固定资产清理”总账科目期末余额；“无形资产”项目期末余额＝“无形资产”总账科目期末余额－“累计摊销”总账科目期末余额－“无形资产减值准备”总账科目期末余额；“长期股权投资”项目期末余额＝“长期股权投资”总账科目期末余额－“长期股权投资减值准备”总账科目期末余额。

（5）综合运用上述填列方法分析填列。例如，“存货”项目期末余额＝“原材料”总账科目期末余额＋“周转材料”总账科目期末余额＋“在途物资（材料采购）”总账科目期末余额＋“委托加工物资”总账科目期末余额＋“生产成本”总账科目期末余额＋“库存商品”总账科目期末余额＋“发出商品”总账科目期末余额＋“委托代销商品”总账科目期末余额＋“材料成本差异（超支差异）”/－“材料成本差异（节约差异）”总账科目期末余额－“存货跌价准备”总账科目期末余额＋“受托代销商品”总账科目期末余额－“受托代销商品款”总账科目期末余额。

二、编制利润表

（一）利润表基本结构

利润表的结构有单步式和多步式两种。我国企业的利润表采用多步式格式。

利润表一般由表头、表体两部分构成。其中表体是利润表的主体部分，列示了形成经营成果的各个项目的计算过程。

（二）利润表编制基础

编制利润表的依据是：

收入－费用＝利润

（三）利润表编制方法

利润表各项目均需填列“本期金额”和“上期金额”两栏。

1. “上期金额”的填列

“上期金额”应根据上年该期利润表的“本期金额”栏内所列数字填列。

2. “本期金额”的填列

(1) 以营业收入为基础，减去营业成本、税金及附加、销售费用、管理费用、研发费用、财务费用，加上其他收益、投资收益(减去投资损失)、净敞口套期收益(或减去净敞口套期损失)、公允价值变动收益(减去公允价值变动损失)、资产减值损失、信用减值损失、资产处置收益(减去资产处置损失)，计算出营业利润。

(2) 以营业利润为基础，加上营业外收入，减去营业外支出，计算出利润总额。

(3) 以利润总额为基础，减去所得税费用，计算出净利润(或净亏损)。

(4) 以净利润(或净亏损)为基础，计算出每股收益。

(5) 以净利润(或净亏损)和其他综合收益为基础，计算综合收益总额。

任 务 练 习

一、编制资产负债表

山东天海有限责任公司 2020 年 8 月末各账户余额如表 2-16 和表 2-17 所示。

表 2-16　山东天海有限责任公司总账账户余额表

2020 年 8 月 31 日　　单位:元

总账账户	借方余额	总账账户	贷方余额
库存现金	3 000.00	短期借款	100 000.00
银行存款	250 000.00	应付票据	54 000.00
其他货币资金	110 000.00	应付账款	100 000.00
应收账款	50 000.00	预收账款	50 000.00
预付账款	15 000.00	实收资本	2 000 000.00
应收票据	60 000.00	资本公积	60 000.00
原材料	188 000.00	盈余公积	100 000.00
生产成本	18 000.00	利润分配	60 000.00
周转材料	20 000.00	本年利润	271 500.00
在建工程	1 300 000.00	坏账准备	10 000.00
固定资产	900 000.00	累计折旧	108 500.00
合　计	2 914 000.00	合　计	2 914 000.00

表 2-17　山东天海有限责任公司总账账户及明细账账户余额表

2020 年 8 月 31 日　　单位:元

总账账户	明细账账户	借方余额	贷方余额
应收账款		50 000.00	
应收账款	东方公司	20 000.00	
应收账款	南方公司	60 000.00	
应收账款	北方公司		30 000.00
预付账款		15 000.00	
预付账款	长江公司	8 000.00	
预付账款	黄河公司	10 000.00	
预付账款	淮河公司		3 000.00
应付账款			100 000.00
应付账款	新华公司		60 000.00
应付账款	顺通公司		80 000.00
应付账款	平通公司	40 000.00	
预收账款			50 000.00
预收账款	盛达公司		40 000.00
预收账款	康丰公司		20 000.00
预收账款	康泰公司	10 000.00	
坏账准备	应收账款		10 000.00

要求:根据上述资料,以山东天海有限责任公司“财务经理张宇”的身份编制 2020 年 8 月的资产负债表。

二、编制利润表

山东天海有限责任公司 2020 年 9 月损益类账户的发生额如表 2-18 所示。

表 2-18　2020 年 9 月损益类账户发生额　　单位:元

账户名称	借方发生额	贷方发生额
主营业务收入		1 600 000.00
主营业务成本	700 000.00	
税金及附加	17 000.00	

（续表）

账户名称	借方发生额	贷方发生额
其他业务收入		100 000.00
其他业务成本	65 000.00	
销售费用	160 000.00	
管理费用	200 000.00	
其中:研发费用		
财务费用	32 000.00	
其中:利息收入		2 000.00
利息支出	29 000.00	
投资收益		110 000.00
营业外收入		10 000.00
营业外支出	9 000.00	
所得税费用	160 500.00	

要求:根据上述实训资料,以山东天海有限责任公司“财务经理张宇”的身份编制公司2020年9月的利润表。

任务 2-9　会计档案的归档与保管

会计凭证、会计账簿和财务报告以及其他会计资料等统称为会计档案。它们是记录和反映单位经济业务的重要历史资料和证据，必须对其进行整理、归档与管理。

【工作流程】

会计凭证、会计账簿、会计报表等会计资料应定期归档保管，具体工作流程如图2-13所示。

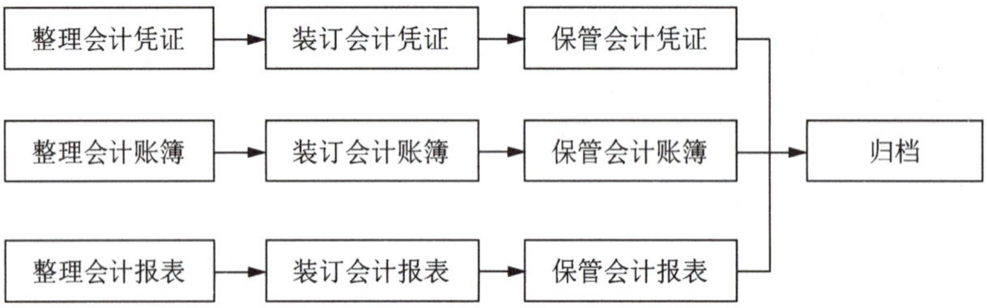

图 2-13　会计档案归档保管工作流程图

【真操实练】

一、会计凭证的装订与保管

会计部门在完成记账工作之后，应在整理凭证的基础上定期对会计凭证进行装订，对其妥善保管，防止丢失、毁损。

(一) 整理会计凭证

会计凭证的整理，主要是对记账凭证所附原始凭证进行整理，具体整理要求如下：

(1) 过宽过长的原始凭证，按照记账凭证的面积大小尺寸，先自右向左，再自下向上两次折叠，注意应把凭证的左上角或左侧面空出来，以便装订后还可以展开查阅。

(2) 过窄过短且张数多的原始凭证，应采用粘贴的方法即粘贴在空白纸上。粘贴时，应厚薄均匀粘贴，依次错开便于翻阅，注意上边、下边、右边对齐，然后附于记账凭证之后。

(二) 装订会计凭证

装订会计凭证是将整理完毕的会计凭证加上封面、封底和包角，装订成册，并在装订线上加贴封签。具体装订要求如下：

(1) 会计凭证装订的方法有“顶齐法”和“底齐法”两种方法。不管采用哪种方法，会计凭证至少每月装订一次，并在装订好的凭证封面上编好卷号，按月份顺序妥善保管归档。归档时应在会计凭证档案盒的正面及侧面填写正确信息。

（2）档案盒的正面应写明单位名称、起止时间、本月共几册、本盒是第几册、记账凭证的起讫编号、张数、保管期限，由会计主管、装订人分别签名或盖章。

（3）档案盒的侧面应写明年度、月份、册数、记账凭证的起讫编号、保管期限等信息。

（三）保管会计凭证

装订成册的会计凭证应指定专人保管，出纳不得兼任会计档案保管工作。年度终了，可暂由会计部门保管 1 年，期满后，编造清册移交本单位的档案部门保管。会计凭证的保管期限为 30 年，其借阅手续、销毁程序等必须严格按照《会计档案管理办法》的规定，保管期满前不得任意借阅或销毁。

二、会计账簿的装订与保管

（一）整理会计账簿

（1）订本账中的空白页不能拆去，应保持账簿本身的完整性。

（2）活页账中的空白页要拆去，在剩余账页的左（或右）上角编上页码，去除账夹，然后按会计账簿封面、账簿启用表、账户目录、账页、会计账簿封底的顺序排列。

（二）装订会计账簿

（1）会计账簿用线、绳装订成册，装订应牢固、平整，不得有折角、缺角、错页、掉页、加空白纸的情况。

（2）会计账簿的封口处要加盖有关印章。

（3）封面齐全、平整，并注明所属年度及账簿名称、编号。编号为一年一编，编号顺序为总账、现金日记账、银行存款日记账、明细账。

（4）会计账簿案卷封面应写明单位名称、账簿名称、所属年度、卷内张数、保管期限，并由会计机构负责人、装订人签名或盖章。

（三）保管会计账簿

根据《会计档案管理办法》的规定，总分类账、明细分类账、日记账、辅助账簿的保管期限为 30 年，固定资产卡片保管期限（固定资产清理报废后）为 5 年。保管期限从会计年度终了后的第一天算起。

三、会计报表的装订与保管

（一）装订会计报表

会计报表的装订要求如下：

（1）会计报表装订前要按编报目录核对是否齐全，整理报表页数，将上边和左边对齐压平，并防止折角。如有损坏，应修补后再完整无缺地进行装订。

（2）会计报表的装订顺序为会计报表封面、会计报表编制说明、按会计报表的编号顺序排列的各种会计报表、会计报表的封底。

（3）按保管期限编制卷号。

(二) 保管财务报表

根据《会计档案管理办法》的规定，月、季度财务报告保管期限为 10 年，年度财务报告保管期限为永久。

任 务 练 习

项目三企业综合实训中所涉及的原始凭证、编制的记账凭证、各类账簿以及各报表。

要求：根据项目三实训资料，装订与保管山东天海有限责任公司 2020 年 12 月份会计档案。装订后的凭证既要牢固，防止丢失和任意抽取，同时还要美观大方，达到“四边齐、表面平、无四凸、书本型”的标准。

项目三　综合实训

【能力目标】

➢ **专业能力**

◆ 能够规范、精准处理企业日常经济业务

◆ 能够按照企业制度要求和内部控制流程完成会计核算任务

◆ 能够掌握出纳、会计、财务主管各岗位专项技能

◆ 能够熟练整理、装订会计档案，并掌握会计档案保管方法

➢ **方法能力**

出纳岗位

◆ 掌握单据填制、整理与传递的处理方法

◆ 掌握现金日记账和银行存款日记账的设置、登记、更正错账及对账、结账的方法

◆ 掌握涉及现金、银行存款业务的记账凭证审核方法

◆ 掌握现金清查流程和方法

会计岗位

◆ 掌握原始凭证的审核方法

◆ 掌握编制经济业务会计分录的核算方法

◆ 掌握明细账的设置、登记、更正错账及对账、结账的方法

◆ 掌握财产清查的原则和处理方法

财务经理岗位

◆ 掌握审核记账凭证的方法

◆ 能够审核经济合同

◆ 能够对公司内部各部门之间进行沟通与协调

◆ 掌握总账的设置、登记、更正错账及对账、结账的方法

◆ 掌握资产负债表和利润表的编制方法

◆ 正确归档和保管会计档案

➢ 社会能力

◆ 具有较强的语言表达能力、较高的会计职业素养

◆ 具有团队合作精神、自我控制与管理能力

◆ 具有较好的分析问题、发现问题和解决问题的能力

◆ 具有较好的组织、沟通、协调和应变能力

◆ 遵守会计职业道德规范，不谋私利、不做假账

【项目描述】

本项目基本框架如图 3-1 所示。

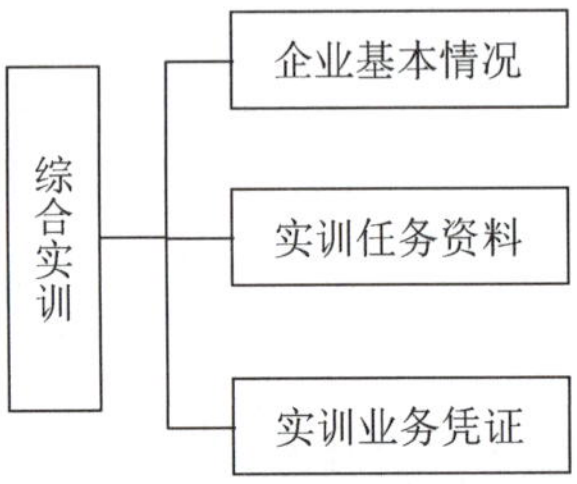

图 3-1　项目基本框架

本项目基本内容如图 3-2 所示。

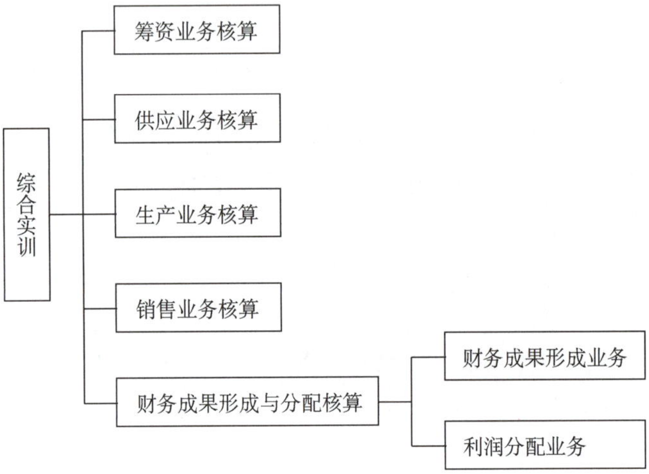

图 3-2　项目基本内容

【工作流程】

本项目具体工作流程如图 3-3 所示，其中：①表示审核原始凭证和原始凭证汇总表；②表示总账与日记账、总账与明细账的对账工作；③表示日记账、明细账和总账的月结和年结工作。

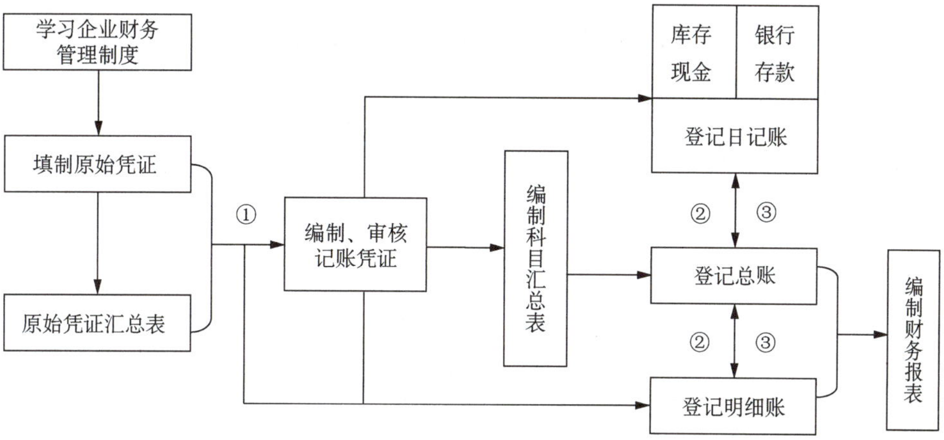

图 3-3　项目工作流程

【真操实练】

■ 实训目的

会计综合实训旨在检验学生对出纳、会计、财务主管等岗位专项技能的掌握情况，帮助学生加强业务处理、审核凭证、登账、对账、结账、编制报表等方面实操技能。实训任务按照企业内部控制制度要求设计，通过练习可以提升学生的职业能力和素养，强化学生的团队协作理念，培养学生的财税业务综合处理能力。

■ 实训指导

会计综合实训以山东天海有限责任公司为模拟实训公司，依据中小型制造企业会计岗位工作职责要求，以分岗合作或一人模拟所有会计岗位独立完成企业 2020 年 12 月的 42 笔经济业务（公司 2020 年没有发生与企业所得税有关的纳税调整事项）。公司背景资料和财务管理制度参见项目一。

■ 实训要求

(1) 根据 2020 年 11 月份账户资料建立总分类账、现金日记账、银行存款日记账和各明细分类账。

(2) 按照本项目“工作流程”的要求，完成公司 2020 年 12 月份会计核算工作，具体包括：填制和审核原始凭证，编制和审核记账凭证，登记日记账、明细账和总账，编制科目汇总表、对账和结账，编制资产负债表和利润表。

(3) 本项目需裁剪的业务单据都要整理粘贴于所填制的相关记账凭证后或单独归档，并采用角订法等规范方法装订会计凭证，填写记账凭证封面。

提醒：为适当增加实训难度，本项目中部分原始凭证（单据）存在错漏，学生在实训时请务必审核原始凭证后再填制记账凭证！

任务 3-1　企业基本情况

一、2020 年 11 月份账户资料

(一) 2020 年 11 月 30 日账户余额表

公司 2020 年 11 月 30 日账户余额如表 3-1 所示。

表 3-1　账户余额表

2020 年 11 月 30 日　　单位:元

总账科目	二级科目	三级科目	借方余额	贷方余额
一、资产类				
库存现金			6 911.12	
银行存款			1 518 543.00	
	工行潍坊望远路支行		865 332.92	
	交通银行潍坊胜利支行		653 210.08	
其他货币资金				
应收票据			200 000.00	
	北京宏运来有限公司		200 000.00	
应收账款			925 523.00	
	济南东城机械有限公司			
	台州酒业有限责任公司		556 780.00	
	上海腾飞股份有限公司		368 743.00	
预付账款			96 000.00	
	南宁华富实业有限公司		96 000.00	
坏账准备				
其他应收款				
	王辉			
	王鑫			
在途物资				
原材料			1 366 250.00	
	马口铁		880 000.00	
	PVC 树脂		418 000.00	

（续表）

总账科目	二级科目	三级科目	借方余额	贷方余额
	白色油墨		6 600.00	
	蓝色油墨		9 450.00	
	黄色油墨		2 700.00	
	红色油墨		49 500.00	
库存商品			134 400.00	
	1 号瓶盖		48 600.00	
	2 号瓶盖		85 800.00	
固定资产			13 230 000.00	
	房屋建筑物	厂房	7 100 000.00	
	房屋建筑物	办公楼	3 600 000.00	
	生产设备		2 050 000.00	
	管理设备		480 000.00	
累计折旧				735 680.00
在建工程				
待处理财产损溢				
二、负债类				
短期借款				
应付票据				1 450 000.00
	威海益翔加工有限公司			1 450 000.00
应付账款				308 283.53
	山东宇宙油墨有限公司			
	武汉方圆股份有限公司			308 283.53
	淄博奋进机床有限公司			
应付职工薪酬				259 191.16
	短期薪酬	工资		259 191.16
	短期薪酬	医疗保险		
	短期薪酬	工伤保险		
	短期薪酬	生育保险		
	离职后福利	养老保险		

（续表）

总账科目	二级科目	三级科目	借方余额	贷方余额
	离职后福利	失业保险		
	短期薪酬	住房公积金		
应交税费				118 691.84
	应交增值税	进项税额		
	应交增值税	销项税额		
	应交增值税	转出未交增值税		
	应交所得税			88 976.00
	未交增值税			26 532.00
	应交城市维护建设税			1 857.24
	应交教育费附加			795.96
	应交地方教育附加			530.64
三、所有者权益类				
实收资本				8 000 000.00
资本公积				1 310 821.84
	资本溢价			1 310 821.84
盈余公积				186 653.00
	法定盈余公积			186 653.00
本年利润				3 428 428.75
利润分配				1 679 877.00
	未分配利润			1 679 877.00
四、成本类				
生产成本				
	1 号瓶盖	直接材料		
	1 号瓶盖	直接人工		
	1 号瓶盖	制造费用		
	2 号瓶盖	直接材料		
	2 号瓶盖	直接人工		
	2 号瓶盖	制造费用		

（续表）

总账科目	二级科目	三级科目	借方余额	贷方余额
制造费用				
合　计			17 477 627.12	17 477 627.12

（二）2020 年 1～11 月损益类账户发生额

公司 2020 年 1～11 月损益类账户发生额如表 3-2 所示。

表 3-2　损益类账户发生额表（结转本年利润前发生额）

2020 年 1～11 月　　单位：元

账户名称	1～11 月累计发生额		备注
	借 方	贷 方	
主营业务收入		9 183 596.00	其中：1 号瓶盖收入总额为 4 611 798 元；2 号瓶盖收入总额为 4 571 798 元
其他业务收入		1 897 654.00	均为销售马口铁收入
营业外收入		243 780.00	均为捐赠利得
主营业务成本	4 078 472.88		其中：1 号瓶盖成本总额为 2 295 899 元；2 号瓶盖成本总额为 1 782 573.88 元
其他业务成本	1 358 619.00		均为销售马口铁成本
税金及附加	316 437.00		
销售费用	235 714.00		
管理费用	715 537.51		
财务费用	46 251.28		
营业外支出	2 760.00		均为非常损失
所得税费用	1 142 809.58		

（三）2020 年 11 月份有关明细账户余额

公司 2020 年 11 月末原材料明细账户余额如表 3-3 所示。

表 3-3　原材料明细账户余额表

2020 年 11 月 30 日　　单位：元

材料名称	计量单位	数 量	单 价	金 额
白色油墨	千克	150	44.00	6 600.00
蓝色油墨	千克	210	45.00	9 450.00
黄色油墨	千克	60	45.00	2 700.00
红色油墨	千克	1 100	45.00	49 500.00
马口铁	千克	80 000	11.00	880 000.00
PVC 树脂	千克	44 000	9.50	418 000.00
合　计				1 366 250.00

公司 2020 年 11 月末库存商品明细账户余额如表 3-4 所示。

表 3-4 库存商品明细账户余额表

2020 年 11 月 30 日　　单位:元

品 名	单 位	数 量	单位成本	金 额
1 号瓶盖	个	54 000	0.90	48 600.00
2 号瓶盖	个	78 000	1.10	85 800.00
合 计				134 400.00

二、2020 年 12 月经济业务资料

2020 年 12 月公司经济业务资料如表 3-5 所示。

表 3-5 经济业务资料

业务号	日 期	业务描述	单据	
			编 号	名 称
业务 1	2020.12.01	提取备用金	1-1	提现申请单
			1-2	现金支票
业务 2	2020.12.01	取得银行借款	2-1	借款借据
			2-2	借款合同
业务 3	2020.12.02	报销设备修理费	3-1	增值税专用发票抵扣联
			3-2	增值税专用发票发票联
			3-3	付款申请书
			3-4	网上银行电子回单
业务 4	2020.12.02	采购原材料	4-1	增值税专用发票抵扣联
			4-2	增值税专用发票发票联
			4-3	收料单
			4-4	收料单
业务 5	2020.12.04	生产领用材料	5-1	领料单
业务 6	2020.12.06	购买设备	6-1	增值税专用发票抵扣联
			6-2	增值税专用发票发票联
			6-3	固定资产验收单
业务 7	2020.12.06	生产领用材料	7-1	领料单
业务 8	2020.12.10	支付电话费和网络服务费	8-1	增值税专用发票抵扣联
			8-2	增值税专用发票发票联
			8-3	增值税专用发票抵扣联

（续表）

业务号	日期	业务描述	单据	
			编号	名称
			8-4	增值税专用发票发票联
			8-5	报销申请单
			8-6	转账支票
业务 9	2020.12.11	采购原材料	9-1	增值税专用发票抵扣联
			9-2	增值税专用发票发票联
			9-3	付款申请书
			9-4	网上银行电子回单
业务 10	2020.12.12	支付广告费	10-1	增值税专用发票抵扣联
			10-2	增值税专用发票发票联
			10-3	付款申请书
			10-4	转账支票
			10-5	进账单
业务 11	2020.12.15	销售商品	11-1	增值税专用发票记账联
			11-2	销售单
			11-3	银行电子回单
业务 12	2020.12.15	发放上月工资	12-1	转账支票存根
			12-2	进账单
			12-3	工资结算汇总表
业务 13	2020.12.15	缴纳本月社会保险费	13-1	社会保险费计算表
			13-2	电子缴税付款凭证
业务 14	2020.12.15	缴纳上月税费	14-1	电子缴税付款凭证
			14-2	电子缴税付款凭证
			14-3	电子缴税付款凭证
业务 15	2020.12.15	材料入库	15-1	收料单
业务 16	2020.12.16	生产领用材料	16-1	领料单
			16-2	领料单
业务 17	2020.12.18	捐赠支出	17-1	公益事业捐赠统一票据
			17-2	付款申请书
			17-3	网上银行电子回单
业务 18	2020.12.18	支付员工借款	18-1	借款单
业务 19	2020.12.21	存款利息收入	19-1	存款利息清单

（续表）

业务号	日 期	业务描述	单 据	
			编 号	名 称
			19-2	存款利息清单
业务 20	2020.12.22	收到员工罚款	20-1	收据
业务 21	2020.12.23	报销差旅费	21-1	差旅费报销单
			21-2	增值税专用发票抵扣联
			21-3	增值税专用发票发票联
			21-4	火车票
			21-5	火车票
			21-6	增值税普通发票发票联
			21-7	收据
业务 22	2020.12.24	支付办公用品费	22-1	增值税专用发票抵扣联
			22-2	增值税专用发票发票联
			22-3	报销申请单
业务 23	2020.12.24	收到货款	23-1	银行电子回单
业务 24	2020.12.31	销售商品	24-1	增值税专用发票记账联
			24-2	销售单
业务 25	2020.12.31	分配职工薪酬	25-1	职工薪酬汇总表
			25-2	职工薪酬分配表
业务 26	2020.12.31	计提固定资产折旧	26-1	固定资产折旧计算表
业务 27	2020.12.31	支付并分配本月电费	27-1	增值税专用发票抵扣联
			27-2	增值税专用发票发票联
			27-3	网上银行电子回单
			27-4	外购电费分配表
业务 28	2020.12.31	支付并分配本月水费	28-1	增值税专用发票抵扣联
			28-2	增值税专用发票发票联
			28-3	网上银行电子回单
			28-4	外购水费分配表
业务 29	2020.12.31	分配制造费用	29-1	制造费用分配表
业务 30	2020.12.31	结转完工产品成本	30-1	产品成本计算表
			30-2	入库单
			30-3	入库单

（续表）

业务号	日期	业务描述	单据	
			编号	名称
业务 31	2020.12.31	结转产品销售成本	31-1	销售成本计算表
			31-2	出库单
			31-3	出库单
业务 32	2020.12.31	支付借款利息	32-1	借款利息清单
业务 33	2020.12.31	现金清查盘亏	33-1	库存现金盘点报告表
业务 34	2020.12.31	现金盘亏批准处理	34-1	盘盈盘亏处理报告
业务 35	2020.12.31	结转本月未交增值税	35-1	未交增值税计算表
业务 36	2020.12.31	计提城市维护建设税及教育费附加	36-1	应交城市维护建设税及教育费附加计算表
业务 37	2020.12.31	结转损益		
业务 38	2020.12.31	计提 12 月份应交所得税	38-1	应交企业所得税计算表
业务 39	2020.12.31	结转所得税费用		
业务 40	2020.12.31	结转本年利润		
业务 41	2020.12.31	计提法定盈余公积	41-1	盈余公积计算表
业务 42	2020.12.31	结转利润分配明细账户余额		

任务 3-2　实训任务资料

业务 1:提取备用金

1 日,提取现金备用。出纳王鑫填写现金支票,经财务经理审批后,到中国工商银行办理提取现金业务,支付密码为:1516 2627 5032 0986。根据凭证 1-1 和凭证 1-2 编制记账凭证。

知识解读

备用金是企业拨付给企业内部用款单位或职工个人作为零星开支的备用款项。企业拨付的备用金,根据管理需要,可以采用一次性备用金或定额备用金制度。备用金应指定专人负责管理,按照规定用途使用,不得转借给他人或挪作他用。

业务 2:取得银行借款

1 日,借款到账。根据凭证 2-1、凭证 2-2 编制记账凭证。

知识解读

短期借款是指企业向银行或其他金融机构等借入的期限在 1 年以下(含 1 年)的各种款项。长期借款是指企业向银行或其他金融机构借入的期限在 1 年以上(不含 1 年)的各项借款。

业务 3:报销设备修理费

2 日,支付生产车间设备维修费。根据凭证 3-1～凭证 3-4 编制记账凭证。

知识解读

企业生产车间(部门)和行政管理部门发生的固定资产修理费用等后续支出,应在发生时计入管理费用。企业销售部门发生的固定资产修理费用等后续支出,应在发生时计入销售费用。

业务 4:采购原材料

2 日,采购原材料,根据凭证 4-1～凭证 4-4 编制记账凭证。

知识解读

"材料采购""在途物资"和"原材料"科目的区别:

(1)"材料采购"是在采用计划成本核算下才会使用的科目,借方登记采购原材料或商品的实际成本，贷方登记入库材料的计划成本。期末为借方余额，反映企业在途材料的采购成本。

（2）“在途物资”是原材料和商品等采用实际成本核算下使用的，核算收到发票及账单但货物在途，尚未入库的存货的采购成本。

（3）“原材料”是在计划成本或实际成本核算下均会使用的科目，在计划成本核算下，核算的是入库或出库材料的计划成本；在实际成本核算下，核算的是入库或出库材料的实际成本。

业务5：生产领用材料

4日，生产领用原材料，填写领料单，再根据凭证5-1编制记账凭证。

知识解读

存货发出的计价方法有个别计价法、先进先出法、月末一次加权平均法和移动加权平均法。先进先出法是指以先购入的存货应先发出（用于耗用或销售）这样一种存货实物流动假设为前提，对发出存货进行评价的一种方法。

业务6：购买设备

6日，采购机器设备一台，无须安装当日投入使用。根据凭证6-1～凭证6-3编制记账凭证。

知识解读

企业购入的固定资产不需要安装就可以直接交付使用，应按购入固定资产时确认的成本金额，借记“固定资产”科目；企业购入需要安装的固定资产，应按购入固定资产时确认的成本金额，借记“在建工程”科目，待安装完成达到预定可使用状态时，再由“在建工程”科目转为“固定资产”科目。

业务7：生产领用材料

6日，采购原材料，填写领料单，再根据凭证7-1编制记账凭证。

知识解读

企业生产经营领用材料，企业按照领料的用途，借记“生产成本”“制造费用”“销售费用”“管理费用”等科目，贷记“原材料”科目。

业务8：支付电话费和网络服务费

10日，支付电话费和网络服务费。填写转账支票，支付密码为2101 1102 8042 2878，审核盖章后再根据凭证8-1～凭证8-6编制记账凭证。

知识解读

管理费用是指企业为组织和管理生产经营发生的各种费用，包括企业在筹建期间内发生的开办费、董事会和行政管理部门在企业的经营管理中发生的以及应由企业统一负担的公司经费、行政管理部门负担的工会经费、董事会费(包括董事会成员津贴、会议费和差旅费等)、聘请中介机构费、咨询费(含顾问费)、诉讼费、业务招待费、技术转让费、研究费用、排污费等。

业务 9:采购原材料

11 日，采购原材料。根据凭证 9-1～凭证 9-4 编制记账凭证。

知识解读

“知识解读”见业务 4。

业务 10:支付广告费

12 日，支付广告费。填写转账支票，支付密码为:2812 1056 5546 3279，填制进账单，再根据凭证 10-1～凭证 10-5 编制记账凭证。

知识解读

本任务结算方式为倒送支票。按正常的流程，转账支票应由出票人填好支票在正面盖章后，交给收款人。收款人在支票背面盖章后送由收款人自己的开户行完成支票转账，但有时为了避免出现空头支票或省事，收款人要求开票人在支票正面背面都盖章后，由出票人亲自去出票人自己的开户行填单转账，即为倒送。本业务中，本该由收款人完成的支票转账由开票人完成。

业务 11:销售商品

15 日，销售商品，货物已送达。根据凭证 11-1～凭证 11-3 编制记账凭证。

知识解读

销售商品，若商品已发出，符合收入确认的条件时，记入“主营业务收入”科目；不符合收入确认的条件时，记入“发出商品”科目。

业务 12:发放上月工资

15 日，发放上月工资。根据凭证 12-1～凭证 12-3 编制记账凭证。

知识解读

企业一般在每月发放工资前，根据“工资结算汇总表”中的“实发金额”栏的合计数，通过开户银行支付给职工或从开户银行提取现金，再发放给职工。

业务13：缴纳本月社会保险费

15日，缴纳本月社会保险费。根据凭证13-1、凭证13-2编制记账凭证。

知识解读

企业每月按规定缴纳社会保险费，编制《社会保险费计算表》，由企业承担的部分按照受益对象分别记入“生产成本”“制造费用”“管理费用”等科目；由职工个人承担部分则从职工个人工资中扣除。

业务14：缴纳上月税费

15日，通过银企税系统缴纳上月税费。根据凭证14-1～凭证14-3编制记账凭证。

知识解读

缴纳上月各项税费中对增值税的账务处理，仅通过背景单据不能完全反映业务的实质，还要结合“应交税费”明细账户上月期末余额判断，再进行账务处理。

业务15：材料入库

15日，采购原材料。根据凭证15-1编制记账凭证。

知识解读

公司采用实际成本法核算，在途的材料验收入库转销“在途物资”科目。

业务16：生产领用材料

16日，生产领用原材料，填写领料单，再根据凭证16-1、凭证16-2编制记账凭证。

知识解读

“知识解读”见业务5和业务7。

业务17：捐赠支出

18日，捐赠助学救助款。根据凭证17-1～凭证17-3编制记账凭证。

知识解读

费用与营业外支出的区别：

(1) 费用是指企业在日常活动中发生的、会导致所有者权益减少的、与向所有者分配利润无关的经济利益的总流出。

(2) 营业外支出是指企业发生的与其日常活动无直接关系的各项损失。

业务 18:支付员工借款

18 日,员工出差预借差旅费。根据凭证 18-1 编制记账凭证。

知识解读

其他应收款和其他应付款的区别:

(1) 其他应收款是指企业应收票据、应收账款、预付账款、应收股利和应收利息以外的其他各种应收及暂付款项。

(2) 其他应付款是指企业应付账款、应付票据、预收账款、应付职工薪酬、应交税费、应付利息、应付股利等经营活动以外的其他各项应付、暂收的款项。

业务 19:存款利息收入

21 日,收到存款利息。根据凭证 19-1、凭证 19-2 编制记账凭证。

知识解读

财务费用是指企业为筹集生产经营所需资金等而发生的筹资费用,包括利息支出(减利息收入)、汇兑损益以及相关的手续费、企业发生的现金折扣等。

业务 20:收到员工罚款

22 日,收到公司员工交来的罚款。根据凭证 20-1 编制记账凭证。

知识解读

收入与营业外收入的区别:

(1) 收入是指企业在日常活动中形成的、会导致所有者权益增加的、与所有者投入资本无关的经济利益的总流入。

(2) 营业外收入是指企业确认的与其日常活动无直接关系的各项利得。

业务 21:报销差旅费

23 日,员工报销差旅费。员工填写差旅费报销单和收据,经审核后根据凭证 21-1～凭证 21-7 编制记账凭证(火车票仅做报销使用,不含税价保留两位小数)。

知识解读

根据《财政部　税务总局　海关总署关于深化增值税改革有关政策的公告》(财政部　税务总局　海关总署公告 2019 年第 39 号)第六条规定,纳税人购进国内旅客运输服务,其进项税额允许从销项税额中抵扣。纳税人取得注明旅客身份信息的铁路车票的按照下列公式计算进项税额：

铁路旅客运输进项税额＝票面金额÷(1＋9%)×9%。

业务22:支付办公用品费

24日,支付办公用品费。根据凭证22-1～凭证22-3编制记账凭证。

知识解读

企业发生的办公费用,根据受益对象不同分别记入“制造费用”“销售费用”“管理费用”等科目。

业务23:收到货款

24日,收到前欠货款。根据凭证23-1编制记账凭证。

知识解读

通过查询公司2020年11月30日账户余额表判定该笔货款来源。

业务24:销售商品

31日,销售商品,货物已送达。根据凭证24-1、凭证24-2编制记账凭证。

知识解读

“知识解读”见业务11。

业务25:分配职工薪酬

31日,分配职工薪酬,1号瓶盖本月实际生产工时12 000小时,2号瓶盖本月实际生产工时8 000小时。根据凭证25-1、凭证25-2编制记账凭证(分配率保留4位小数,尾差由2号瓶盖承担)。

知识解读

职工薪酬的分配方法有实际工时分配法,定额工时分配法、工作量法等。本任务采用实际工时法分配职工薪酬。

生产工资费用分配率＝各种产品生产工资总额÷各种产品生产工时之和

某种产品应分配的生产工资＝该种产品生产工时×生产工资费用分配率

业务26:计提固定资产折旧

31日,计提固定资产本月折旧额,根据凭证26-1编制记账凭证。

知识解读

固定资产折旧方法有年限平均法、工作量法、双倍余额递减法、年数总和法等。本任务采用年限平均法(直线法)计提折旧。

年折旧率＝(1－预计净残值率)÷预计使用寿命(年)

月折旧率＝年折旧率÷12

月折旧额＝固定资产原价×月折旧率

公司固定资产折旧如表 3-6 所示。

表 3-6　固定资产折旧

固定资产类别	购入时间	折旧年限
房屋建筑物	2020 年 1 月 1 日	20 年
房屋建筑物	2020 年 1 月 1 日	20 年
生产设备	2019 年 7 月 4 日	10 年
管理设备	2019 年 7 月 31 日	5 年

业务 27:支付并分配本月电费

31 日,支付并分配本月电费,根据凭证 27-1～凭证 27-4 编制记账凭证。

知识解读

企业发生的电费,分配标准为电费单价(不含增值税),根据受益对象不同分别记入“制造费用”“管理费用”“销售费用”等科目。

某受益对象应分配的电费＝电费单价×耗用数量

业务 28:支付并分配本月水费

31 日,支付并分配本月水费,根据凭证 28-1～凭证 28-4 编制记账凭证。

知识解读

企业发生的水费,分配标准为水费单价(不含增值税),根据受益对象不同分别记入“制造费用”“管理费用”“销售费用”等科目。

某受益对象应分配的水费＝水费单价×耗用数量

业务 29:分配制造费用

31 日,归集并分配制造费用,工时记录见业务 25,制造费用尾差由 2 号瓶盖承担。根据凭证29-1编制记账凭证。

知识解读

制造费用的分配方法有生产工时比例法、生产工人工资比例法、机器工时比例法等。本任务采用生产工时比例法分配制造费用。

制造费用分配率＝归集的制造费用总额÷各种产品生产工时之和

某种产品应分配的制造费用＝该种产品生产工时×制造费用分配率

业务30:结转完工产品成本

31日,结转本月完工产品成本,产成品单位成本保留2位小数,尾差由最后一批入库产品承担。根据凭证30-1～凭证30-3编制记账凭证。

知识解读

如果月末产品全部完工,则生产费用合计金额全部计入完工产品成本;如果月末部分产品完工,则生产费用合计金额需要在完工产品与月末在产品之间进行分配,进而计算完工产品成本;如果月末产品全部未完工,则生产费用合计金额均属于在产品成本,无完工产品成本。

业务31:结转产品销售成本

31日,结转本月销售产品的成本,尾差由2号瓶盖承担,填写出库单,再根据凭证31-1～凭证31-3编制记账凭证。

知识解读

月末一次加权平均法是指以本月全部进货数量加上月初存货数量作为权数,去除本月全部进货成本加上月初存货成本,计算出存货的加权平均单位成本,以此为基础计算本月发出存货的成本和期末结存存货的成本的一种方法。计算公式为:

存货单位成本＝月初库存存货的实际成本＋∑(本月各批进货的实际单位成本×本月各批进货的数量)÷(月初库存存货数量＋本月各批进货数量之和)

本月发出存货成本＝本月发出存货数量×存货单位成本

业务32:支付借款利息

31日,支付本月借款利息。根据凭证32-1编制记账凭证。

知识解读

月利率＝年利率÷12

月利息＝借款本金×月利率

业务 33:现金清查盘亏

31 日,现金清查盘亏。根据凭证 33-1 编制记账凭证。

知识解读

库存现金的清查采用实地盘点法。库存现金清查一般由主管会计或财务负责人和出纳人员共同清点出各种面值钞票的张数和硬币的个数,并填制库存现金盘点报告表。对库存现金进行盘点时,出纳人员必须在场。

业务 34:现金盘亏批准处理

31 日,现金清查批准处理,根据凭证 34-1 编制记账凭证。

知识解读

现金盘亏处理:

(1) 应由责任人赔偿或保险公司赔偿的现金短缺,经批准后记入“其他应收款”科目。

(2) 无法查明原因的现金短缺,经批准后记入“管理费用”科目。

业务 35:结转本月未交增值税

31 日,结转本月未交增值税,填写未交增值税计算表,再根据凭证 35-1 编制记账凭证。

知识解读

计算本期未交增值税(不考虑差额征税和出口业务涉税处理):

$$\text{本期未交增值税}=\text{本期销项税额}-\text{本期进项税额}-\text{上期留抵税额}+\text{本期进项税额转出}-\text{本期已交税金}-\text{减免税款}$$

业务 36:计提城市维护建设税及教育费附加

31 日,计提本月应交城市维护建设税及教育费附加,填写应交城市维护建设税和教育费附加计算表,再根据凭证 36-1 编制记账凭证,计算结果保留 2 位小数。

知识解读

(1) 应交城市维护建设税:

$$\text{应纳税额}=(\text{实际交纳增值税}+\text{实际交纳消费税})\times\text{适用税率}$$

(2) 应交教育费附加:

$$\text{应纳税额}=(\text{实际交纳增值税}+\text{实际交纳消费税})\times\text{适用征收率}$$

业务 37:结转损益

31 日,结转损益(只写总账科目),无原始凭证,编制记账凭证。

知识解读

会计期末结转本年利润的方法有表结法和账结法。本项目采用账结法,即每月月末均需编制转账凭证,将在账上结计出的各损益类科目的余额转入“本年利润”账户。

结转损益步骤:

第一步:将各项收入、利得类科目余额转入本年利润的贷方。

第二步:将各项费用、损失类科目余额转入本年利润的借方。

业务 38:计提 12 月份应交所得税

31 日,计提本月应交所得税(公司按实际利润额预交企业所得税,且本期实际利润额与利润总额相同,计算结果保留 2 位小数),填写应交企业所得税计算表,再根据凭证 38-1 编制记账凭证。

知识解读

应纳税所得额=利润总额(税前会计利润)+纳税调整增加项−纳税调整减少项

应纳税额=应纳税所得额×适用税率

业务 39:结转所得税费用

31 日,结转所得税费用,无原始凭证,编制记账凭证。

知识解读

月末,企业应将损益类账户余额转入“本年利润”账户,结转后该账户无余额。

业务 40:结转本年利润

31 日,结转本年利润,无原始凭证,编制记账凭证。

知识解读

年度终了,将“本年利润”账户的本年累计余额(当年净利润或净亏损)结转记入“利润分配——未分配利润”账户。结转后,该账户无余额。

业务 41:计提法定盈余公积

31 日,计提法定盈余公积金。填写盈余公积计算表,再根据凭证 41-1 编制记账凭证,计算结果保留 2 位小数。

知识解读

按照《公司法》有关规定,公司制企业应按照净利润(减弥补以前年度亏损)的 10%提取法定盈余公积。非公司制企业法定盈余公积的提取比例可超过净利润的 10%。本实训企业为公司制企业。

业务 42:结转利润分配明细账户余额

31 日,结转利润分配明细账户余额,无原始凭证,编制记账凭证。

知识解读

年度终了,将"利润分配"科目下所属其他明细科目的余额,转入"未分配利润"明细科目。结转后,"利润分配——未分配利润"明细科目如为贷方余额,表示累积未分配的利润金额;如为借方余额,则表示累积未弥补的亏损金额。

任务 3-3　实训业务凭证

凭证 1-1

提现申请表

2020年12月1日

收款单位	山东天海有限责任公司		
地　址	山东省潍坊市文昌区望远路288号	联系电话	0536-2600888
收款人开户行	中国工商银行潍坊望远路支行	开户账号	6222021607024268206
内　容	提取备用金		
大　写	人民币伍仟元整	¥5 000.00	

审批：强王印立　　审核：张宇　　制表：王鑫

凭证 1-2

中国工商银行

现金支票存根

10200020

53220203

附加信息

出票日期：　年　月　日

收款人：

金额：

用途：

单位主管　　会计

中国工商银行　现金支票　　10200020

53220203

付款期限自出票之日起十天

出票日期（大写）　　年　　月　　日　　付款行全称：

收款人：　　出票人账号：

人民币（大写）	亿	千	百	十	万	千	百	十	元	角	分

用途＿＿＿＿＿＿＿＿　　密码＿＿＿＿＿＿

行号＿＿＿＿＿＿

上列款项请从

我账户内支付

出票人签章　　复核　　记账

凭证 2-1

借款借据（收账通知）

借款日期　2020年12月01日　　　借款编号　200083

<table>
<tr><td rowspan="3">收款单位</td><td>名称</td><td colspan="2">山东天海有限责任公司</td><td rowspan="3">借款单位</td><td>名称</td><td colspan="10">山东天海有限责任公司</td><td rowspan="6">此联退还借款单位</td></tr>
<tr><td>开户账号</td><td colspan="2">6222021607024268206</td><td>借款账号</td><td colspan="10">6222021607024268206</td></tr>
<tr><td>开户银行</td><td colspan="2">中国工商银行潍坊望远路支行</td><td>开户银行</td><td colspan="10">中国工商银行潍坊望远路支行</td></tr>
<tr><td colspan="2" rowspan="2">借款金额</td><td colspan="4" rowspan="2">（大写）贰佰万元整</td><td>千</td><td>百</td><td>十</td><td>万</td><td>千</td><td>百</td><td>十</td><td>元</td><td>角</td><td>分</td></tr>
<tr><td>¥</td><td>2</td><td>0</td><td>0</td><td>0</td><td>0</td><td>0</td><td>0</td><td>0</td><td>0</td></tr>
<tr><td colspan="2">借款原因及用途</td><td>生产周转资金</td><td colspan="2">借款期限</td><td colspan="11">2020年12月01日至2021年6月1日</td></tr>
<tr><td colspan="5">你单位上述借款已转入你单位结算账户内。
此致
（银行盖章）</td><td colspan="12"></td></tr>
</table>

中国工商银行潍坊望远路支行 2020.12.01 转讫

凭证 2-2

借款合同

经中国工商银行潍坊望远路支行（以下简称贷款方）与山东天海有限责任公司（以下简称借款方）充分协商，签订本合同，共同遵守。

第一，由贷款方提供借款方贷款人民币贰佰万元（¥2 000 000.00），用于日常生产经营。贷款期限自 2020 年 12 月 1 日至 2021 年 6 月 1 日。

第二，贷款方应按期、按额向借款方提供贷款，否则，按违约数额和延期天数，付给借款方违约金。违约金数额的计算利率，与逾期贷款罚息的计算利率相同，即为每日万分之五。

第三，贷款月利率 0.5%，每月最后一日结息，如遇调整，按调整的新利率和计息办法执行。

第四，借款方应按协议使用贷款，不得转移用途。否则，贷款方有权停止发放新贷款，直至收回已发放的贷款。

第五，贷款到期后 1 个月，如借款方不归还贷款，贷款方有权依照法律程序处理借款方作为贷款抵押的财产，抵还借款本息。

……

第十二，本协议一式贰份，借贷款双方各执壹份。本协议自双方签字起即生效。

贷款方：中国工商银行潍坊望远路支行　　贷款方：山东天海有限责任公司

法定代表人：于德新　　法定代表人：王立强

签订日期：　2020年11月25日　　签订日期：　2020年11月25日

凭证 3-1

3700188773 **山东增值税专用发票** No 07664323 3700188773 07664323

（全国统一发票监制章 山东 国家税务总局监制）

抵扣联

第二联：抵扣联 购买方抵扣凭证

开票日期：2020年12月2日

购买方	名　　称：山东天海有限责任公司 纳税人识别号：91370203765676788N 地 址、电 话：山东省潍坊市文昌区望远路288号0536-2600888 开户行及账号：中国工商银行潍坊望远路支行6222021607024268206			密码区	3635223->-*93+>61<6<6>**430 ++8+508-+6/373>635215>4-<+> 09>>+-*+31/373>/42/93+>666- -*2+2<++5/320+>45+6+*<-0/56		
货物或应税劳务、服务名称	规格型号	单位	数 量	单 价	金 额	税 率	税 额
*劳务*修理修配劳务		次	1	5800.00	5800.00	13%	754.00
合　　计					¥5800.00		¥754.00
价税合计（大写）	⊗陆仟伍佰伍拾肆元整				（小写）¥6554.00		
销售方	名　　称：潍坊市东阳机电有限公司 纳税人识别号：913706129662222784 地 址、电 话：潍坊市潍城区长松路19号 0536-2689988 开户行及账号：交通银行坊子区支行6222021607033435679			备注	（潍坊市东阳机电有限公司 913706129662222784 发票专用章）		

收款人：王 芳　　复核：张 潇　　开票人：赵 立　　销售方：（章）

凭证 3-2

3700188773 **山东增值税专用发票** No 07664323 3700188773 07664323

（全国统一发票监制章 山东 国家税务总局监制）

发票联

第三联：发票联 购买方记账凭证

开票日期：2020年12月2日

购买方	名　　称：山东天海有限责任公司 纳税人识别号：91370203765676788N 地 址、电 话：山东省潍坊市文昌区望远路288号0536-2600888 开户行及账号：中国工商银行潍坊望远路支行6222021607024268206			密码区	3635223->-*93+>61<6<6>**430 ++8+508-+6/373>635215>4-<+> 09>>+-*+31/373>/42/93+>666- -*2+2<++5/320+>45+6+*<-0/56		
货物或应税劳务、服务名称	规格型号	单位	数 量	单 价	金 额	税 率	税 额
*劳务*修理修配劳务		次	1	5800.00	5800.00	13%	754.00
合　　计					¥5800.00		¥754.00
价税合计（大写）	⊗陆仟伍佰伍拾肆元整				（小写）¥6554.00		
销售方	名　　称：潍坊市东阳机电有限公司 纳税人识别号：913706129662222784 地 址、电 话：潍坊市潍城区长松路19号 0536-2689988 开户行及账号：交通银行坊子区支行6222021607033435679			备注	（潍坊市东阳机电有限公司 913706129662222784 发票专用章）		

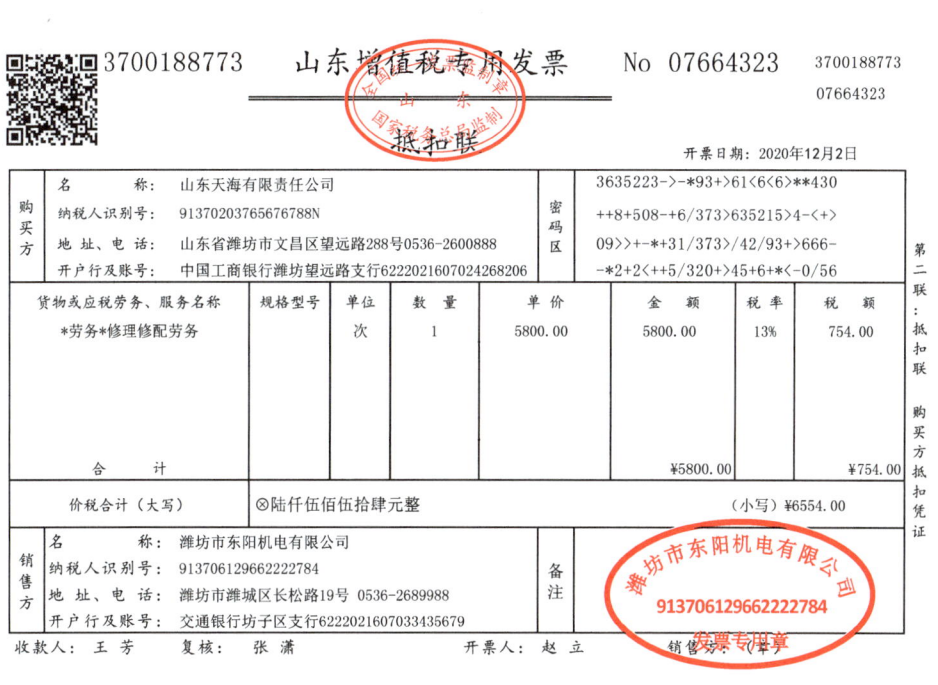

收款人：王 芳　　复核：张 潇　　开票人：赵 立　　销售方：（章）

凭证 3-3

付款申请书

2020年12月2日

<table>
<tr><td>用途及情况</td><td colspan="11">金额</td><td colspan="4">收款单位（人）：潍坊市东阳机电有限公司</td></tr>
<tr><td rowspan="2">支付生产车间设备维修费</td><td>亿</td><td>千</td><td>百</td><td>十</td><td>万</td><td>千</td><td>百</td><td>十</td><td>元</td><td>角</td><td>分</td><td colspan="4">账号：6222021607033435679</td></tr>
<tr><td></td><td></td><td></td><td></td><td>¥</td><td>6</td><td>5</td><td>5</td><td>4</td><td>0</td><td>0</td><td colspan="4">开户行：交通银行坊子区支行</td></tr>
<tr><td>金额（大写）合计</td><td colspan="11">人民币陆仟伍佰伍拾肆元整</td><td colspan="4">结算方式：转账</td></tr>
<tr><td rowspan="2">总经理</td><td rowspan="2" colspan="3"></td><td rowspan="2" colspan="3">财务部门</td><td colspan="2">经理</td><td colspan="3">张宇</td><td rowspan="2">业务部门</td><td>经　理</td><td colspan="2">李中华</td></tr>
<tr><td colspan="2">会计</td><td colspan="3">于林</td><td>经办人</td><td colspan="2">王南南</td></tr>
</table>

凭证 3-4

中国工商银行　网上银行电子回单

电子回单号码：0005864218577767

<table>
<tr><td rowspan="3">付款人</td><td>户　名</td><td>山东天海有限责任公司</td><td rowspan="3">收款人</td><td>户　名</td><td>潍坊市东阳机电有限公司</td></tr>
<tr><td>账　号</td><td>6222021607024268206</td><td>账　号</td><td>6222021607033435679</td></tr>
<tr><td>开户银行</td><td>中国工商银行潍坊望远路支行</td><td>开户银行</td><td>交通银行坊子区支行</td></tr>
<tr><td colspan="2">金　额</td><td colspan="4">人民币陆仟伍佰伍拾肆元整　　¥6 554.00</td></tr>
<tr><td colspan="2">摘　要</td><td>支付设备维修费</td><td colspan="2">业务（产品）种类</td><td></td></tr>
<tr><td colspan="2">用　途</td><td colspan="4"></td></tr>
<tr><td colspan="2">交易流水号</td><td>00083011</td><td colspan="2">时间戳</td><td>2020-12-02-9：47：38　087653</td></tr>
<tr><td colspan="2" rowspan="2">中国工商银行
电子回单
专用章</td><td colspan="4">备注：
附言：　支付交易序号：　报文种类：　汇兑支付报文
委托日期：　业务种类：　普通汇兑　收款人地址：　付款人地址：</td></tr>
<tr><td colspan="4">验证码：YUDAMMEOUEWOMNSLWE</td></tr>
<tr><td colspan="6"></td></tr>
<tr><td colspan="6">记账网点　0021　　记账柜员　000999　　记账日期　2020-12-02</td></tr>
</table>

打印日期：2020 年 12 月 2 日

重要提示：

1. 如果您是收款方，请到工行网站www.icbc.com.cn电子回单验证处进行回单验证。
2. 本回单不作为收款方发货依据，并请勿重复记账。
3. 您可以选择发送邮件，将此电子回单发送给指定的接收人。

凭证 4-1

3700601765 **山东增值税专用发票** No 06273355

3700601765
06273355

抵扣联

全国统一发票监制章 山东 国家税务总局监制

开票日期：2020年12月02日

购买方	
名　　称：	山东天海有限责任公司
纳税人识别号：	91370203765676788N
地 址、电 话：	山东省潍坊市文昌区望远路288号0536-2600888
开户行及账号：	中国工商银行潍坊望远路支行6222021607024268206

密码区：
1<6<6>**580331/373>67<599<<
++8+505>4-<+>/0<38+70/420/>
09>>+-*93+>6401/3/4541*2<-3
-*2+88++5/320+6+*<2<>0+19<0

货物或应税劳务、服务名称	规格型号	单位	数　量	单　价	金　额	税率	税　额
*石油制品*白色油墨		千克	1600	45.00	72000.00	13%	9360.00
*石油制品*蓝色油墨		千克	1500	46.00	69000.00	13%	8970.00
*石油制品*黄色油墨		千克	1550	46.00	71300.00	13%	9269.00
*石油制品*红色油墨		千克	500	46.00	23000.00	13%	2990.00
合　　计					¥ 235300.00		¥30589.00

价税合计（大写）：⊗贰拾陆万伍仟捌佰捌拾玖元整　（小写）¥265889.00

销售方	
名　　称：	山东宇宙油墨有限公司
纳税人识别号：	61550115781908961A
地 址、电 话：	聊城市烟台路2099号0635-89897676
开户行及账号：	中国工商银行聊城烟台路支行51370334412344356

备注：山东宇宙油墨有限公司 61550115781908961A 发票专用章

收款人：林 琳　复核：张向东　开票人：马 青　销售方：（章）

第二联：抵扣联 购买方抵扣凭证

凭证 4-2

3700601765 **山东增值税专用发票** No06273355

3700601765
06273355

发票联

全国统一发票监制章 山东 国家税务总局监制

开票日期：2020年12月02日

购买方	
名　　称：	山东天海有限责任公司
纳税人识别号：	91370203765676788N
地 址、电 话：	山东省潍坊市文昌区望远路288号0536-2600888
开户行及账号：	中国工商银行潍坊望远路支行6222021607024268206

密码区：
1<6<6>**580331/373>67<599<<
++8+505>4-<+>/0<38+70/420/>
09>>+-*93+>6401/3/4541*2<-3
-*2+88++5/320+6+*<2<>0+19<0

货物或应税劳务、服务名称	规格型号	单位	数　量	单　价	金　额	税率	税　额
*石油制品*白色油墨		千克	1600	45.00	72000.00	13%	9360.00
*石油制品*蓝色油墨		千克	1500	46.00	69000.00	13%	8970.00
*石油制品*黄色油墨		千克	1550	46.00	71300.00	13%	9269.00
*石油制品*红色油墨		千克	500	46.00	23000.00	13%	2990.00
合　　计					¥235300.00		¥30589.00

价税合计（大写）：⊗贰拾陆万伍仟捌佰捌拾玖元整　（小写）¥265889.00

销售方	
名　　称：	山东宇宙油墨有限公司
纳税人识别号：	61550115781908961A
地 址、电 话：	聊城市烟台路2099号0635-89897676
开户行及账号：	中国工商银行聊城烟台路支行51370334412344356

备注：山东宇宙油墨有限公司 61550115781908961A 发票专用章

收款人：林 琳　复核：张向东　开票人：马 青　销售方：（章）

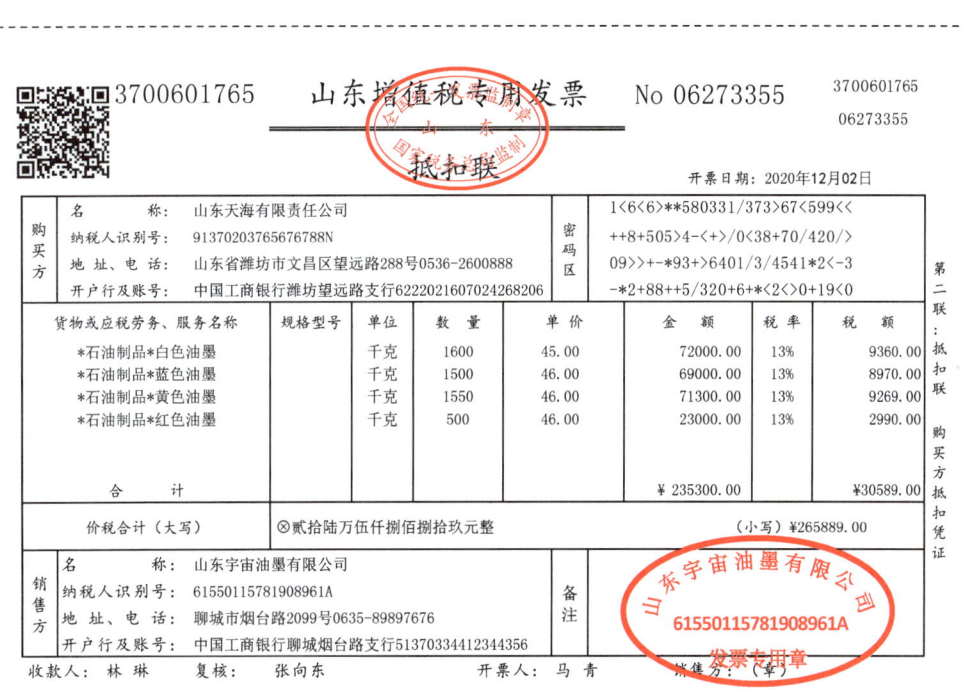

第三联：发票联 购买方记账凭证

凭证 4-3

收　料　单

供应单位：山东宇宙油墨有限公司　　　　收料单号：YZ-0237

材料类别：原材料　　2020 年 12 月 02 日　　收料仓库：原材料仓库

材料编号	名称	规格	单位	数量		实际成本				
				应收	实收	买价		运杂费	其他	合计
						单价	金额			
201	白色油墨		千克	1600	1600	45.00	72 000.00			72 000.00
202	蓝色油墨		千克	1500	1500	46.00	69 000.00			69 000.00
203	黄色油墨		千克	1550	1550	46.00	71 300.00			71 300.00
合　计							212 300.00			212 300.00
备　注										

第三联　记账联

仓库主管：王浩　　记账：韩雪雪　　收料：韩雪雪　　经办人：史帅

凭证 4-4

收　料　单

供应单位：山东宇宙油墨有限公司　　　　收料单号：YZ-0238

材料类别：原材料　　2020 年 12 月 02 日　　收料仓库：原材料仓库

材料编号	名称	规格	单位	数量		实际成本				
				应收	实收	买价		运杂费	其他	合计
						单价	金额			
204	红色油墨		千克	500	500	46.00	23 000.00			23 000.00
合　计							23 000.00			23 000.00
备　注										

第三联　记账联

仓库主管：王浩　　记账：韩雪雪　　收料：韩雪雪　　经办人：史帅

凭证 5-1

领 料 单

领料部门：一车间

用途：生产1号瓶盖　　2020 年 12 月 04 日　　第001号

材料编号	材料名称	材料规格	单位	数量		成本	
				请领	实发	单价	总价
201	白色油墨		千克	620	620		
202	蓝色油墨		千克	450	450		
203	黄色油墨		千克	500	500		
204	红色油墨		千克	400	400		
合计							
备注							

第三联 记账联

部门经理：李中华　　会计：于林　　仓库：韩雪雪　　经办人：王南南

凭证 6-1

3700165760　　**山东增值税专用发票**　　No 02669765　　3700165760 02669765

（印章：全国统一发票监制章 山东 国家税务总局监制）

抵扣联

开票日期：2020年12月6日

购买方	
名称	山东天海有限责任公司
纳税人识别号	91370203765676788N
地址、电话	山东省潍坊市文昌区望远路288号0536-2600888
开户行及账号	中国工商银行潍坊望远路支行6222021607024268206

密码区：
5<6<6>**580331/373>>4-<+>7+
++8+505>4-<+>8-+6/06>**5803
09>>+-+/>2401/3/42*93+>6361
-*2+2<>45++6+*<-0/88++5/3--

货物或应税劳务、服务名称	规格型号	单位	数量	单价	金额	税率	税额
*机床*数控金属切削机床	HK-80	台	1	835000.00	835000.00	13%	108550.00
合计					¥835000.00		¥108550.00
价税合计（大写）	⊗玖拾肆万叁仟伍佰伍拾元整				（小写）¥943550.00		

销售方	
名称	淄博奋进机床有限公司
纳税人识别号	936154778943431213
地址、电话	淄博市张店区中山路299号 0533-7878785
开户行及账号	中国农业银行淄博张店区支行43546523879946623

备注：（印章：淄博奋进机床有限公司 936154778943431213 发票专用章）

第二联：抵扣联 购买方抵扣凭证

收款人：张 希　　复核：宋 霞　　开票人：白 云　　销售方：（章）

凭证 6-2

3700165760　　**山东增值税专用发票**　　No 02669765　　3700165760 02669765

（印章：全国统一发票监制章　山东　国家税务总局监制）

发票联

开票日期：2020年12月6日

购买方	名　　称：山东天海有限责任公司 纳税人识别号：91370203765676788N 地 址、电 话：山东省潍坊市文昌区望远路288号0536-2600888 开户行及账号：中国工商银行潍坊望远路支行6222021607024268206			密码区	5<6<6>**580331/373>>4-<+>7+ ++8+505>4-<+>8-+6/06>**5803 09>>+-+/>2401/3/42*93+>6361 -*2+2<>45++6+*<-0/88++5/3--		
货物或应税劳务、服务名称	规格型号	单位	数量	单价	金额	税率	税额
*机床*数控金属切削机床	HK-80	台	1	835000.00	835000.00	13%	108550.00
合　　计					¥835000.00		¥108550.00
价税合计（大写）	⊗玖拾肆万叁仟伍佰伍拾元整				（小写）¥943550.00		
销售方	名　　称：淄博奋进机床有限公司 纳税人识别号：936154778943431213 地 址、电 话：淄博市张店区中山路299号 0533-7878785 开户行及账号：中国农业银行淄博张店区支行43546523879946623			备注	（印章：淄博奋进机床有限公司　936154778943431213　发票专用章）		

收款人：张　希　　复核：宋　霞　　开票人：白　云　　销售方：（章）

第三联：发票联　购买方记账凭证

凭证 6-3

固定资产验收单

编制单位：山东天海有限责任公司　　　　2020 年 12 月 6 日

固定资产名称：	数控金属切削机床	单位	台	数量	1
固定资产规格型号	HK-80	单价	943 550.00	总金额	943 550.00
生产单位	淄博奋进机床有限公司				
随机资料	使用说明书、合格证书				
外包装箱情况	完整				
固定资产外观情况	合格				
安装单位					
安装完工日期					
验收结论	验收合格，可以直接投入使用				

验收单位负责人：王浩　　　验收人：韩雪雪　　　采购人：史帅

凭证 7-1

领　料　单

领料部门：二车间

用途：生产2号瓶盖　　2020 年 12 月 06 日　　第002号

材料编号	材料名称	材料规格	单位	数量		成本	
				请领	实发	单价	总价
201	白色油墨		千克	400	400		
202	蓝色油墨		千克	550	550		
203	黄色油墨		千克	500	500		
204	红色油墨		千克	600	600		
合　计							
备　注							

第三联　记账联

部门经理：李中华　会计：于林　仓库：韩雪雪　经办人：王南南

凭证 8-1

3700785311　山东增值税专用发票　No 07662323　3700785311　07662323

抵扣联

开票日期：2020年12月10日

购买方		密码区	
名称：	山东天海有限责任公司		1<6<6>**58033163523458/373>
纳税人识别号：	91370203765676788N		5>4-<+>/0<38+75628-+6++8+50
地址、电话：	山东省潍坊市文昌区望远路288号0536-2600888		09>>+-*93+>23-+/>26401/3/42
开户行及账号：	中国工商银行潍坊望远路支行6222021607024268206		5/320+6+*<2<>45+-0/-*2+88++

货物或应税劳务、服务名称	规格型号	单位	数量	单价	金额	税率	税额
*电信服务*电信基础服务费		次	1	2820.00	2820.00	9%	253.80
合　计					¥2820.00		¥253.80
价税合计（大写）	⊗叁仟零柒拾叁元捌角整				（小写）¥3073.80		

销售方		备注
名称：	中国电信股份有限公司潍坊分公司	
纳税人识别号：	92306120923562345F	
地址、电话：	奎文区向阳大道888号　0536-8287667	
开户行及账号：	交通银行奎文区支行15376202037654321	

第二联：抵扣联　购买方抵扣凭证

收款人：魏佳艺　复核：张扬　开票人：宋岩　销售方：（章）

（印章：中国电信股份有限公司潍坊分公司 92306120923562345F 发票专用章）

凭证 8-2

3700785311　　**山东增值税专用发票**　　No 07662323　　3700785311 07662323

发票联

开票日期：2020年12月10日

购买方	
名　　称：	山东天海有限责任公司
纳税人识别号：	91370203765676788N
地址、电话：	山东省潍坊市文昌区望远路288号0536-2600888
开户行及账号：	中国工商银行潍坊望远路支行6222021607024268206
密码区	1<6<6>**58033163523458/373> 5>4-<+>/0<38+75628-+6++8+50 09>>+-*93+>23-+/>26401/3/42 5/320+6+*<2<>45+-0/-*2+88++

货物或应税劳务、服务名称	规格型号	单位	数量	单价	金额	税率	税额
*电信服务*电信基础服务费		次	1	2820.00	2820.00	9%	253.80
合　计					¥2820.00		¥253.80
价税合计（大写）	⊗叁仟零柒拾叁元捌角整				（小写）¥3073.80		

销售方	
名　　称：	中国电信股份有限公司潍坊分公司
纳税人识别号：	92306120923562345F
地址、电话：	奎文区向阳大道888号　0536-8287667
开户行及账号：	交通银行奎文区支行15376202037654321
备注	中国电信股份有限公司潍坊分公司 92306120923562345F 发票专用章

收款人：魏佳艺　　复核：张　扬　　开票人：宋　岩　　销售方：（章）

第三联：发票联　购买方记账凭证

凭证 8-3

3700785311　　**山东增值税专用发票**　　No 07662324　　3700785311 07662324

抵扣联

开票日期：2020年12月10日

购买方	
名　　称：	山东天海有限责任公司
纳税人识别号：	91370203765676788N
地址、电话：	山东省潍坊市文昌区望远路288号0536-2600888
开户行及账号：	中国工商银行潍坊望远路支行6222021607024268206
密码区	3<6<6>**58033163523458/888/ 4>4-<+>/0<38+75628-+6++>>>2 69>>+-*93+>23-+/>26401/3/54 9/964+6+*<2<>45+-0/-*2+128/

货物或应税劳务、服务名称	规格型号	单位	数量	单价	金额	税率	税额
*电信服务*电信增值服务费		次	1	800.00	800.00	6%	48.00
合　计					¥800.00		¥48.00
价税合计（大写）	⊗捌佰肆拾捌元整				（小写）¥848.00		

销售方	
名　　称：	中国电信股份有限公司潍坊分公司
纳税人识别号：	92306120923562345F
地址、电话：	奎文区向阳大道888号　0536-8287667
开户行及账号：	交通银行奎文区支行15376202037654321
备注	中国电信股份有限公司潍坊分公司 92306120923562345F 发票专用章

收款人：魏佳艺　　复核：张　扬　　开票人：宋　岩　　销售方：（章）

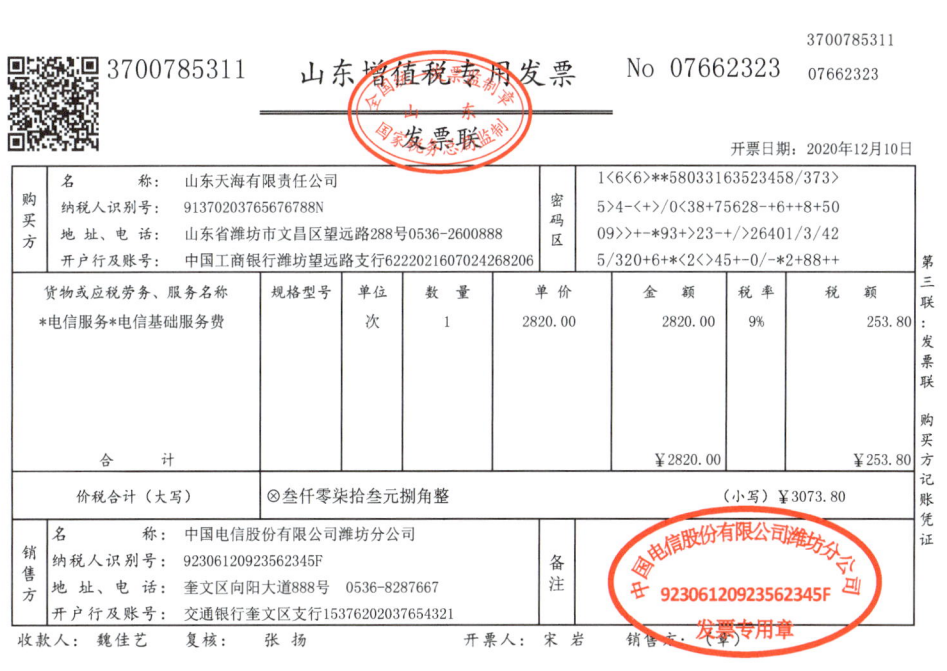

第二联：抵扣联　购买方扣税凭证

凭证 8-4

3700785311 山东增值税专用发票 No 07662324 3700785311 07662324

发票联

开票日期：2020年12月10日

购买方	名 称：山东天海有限责任公司 纳税人识别号：91370203765676788N 地 址、电 话：山东省潍坊市文昌区望远路288号0536-2600888 开户行及账号：中国工商银行潍坊望远路支行6222021607024268206	密码区	3<6<6>**58033163523458/888/ 4>4-<+>/0<38+75628-+6++>>>2 69>>+-*93+>23-+/>26401/3/54 9/964+6+*<2<>45+-0/-*2+128/

货物或应税劳务、服务名称	规格型号	单位	数 量	单 价	金 额	税 率	税 额
*电信服务*电信增值服务费		次	1	800.00	800.00	6%	48.00
合 计					¥800.00		¥48.00
价税合计（大写）	⊗捌佰肆拾捌元整				（小写） ¥848.00		

销售方	名 称：中国电信股份有限公司潍坊分公司 纳税人识别号：92306120923562345F 地 址、电 话：奎文区向阳大道888号 0536-8287667 开户行及账号：交通银行奎文区支行15376202037654321	备注	中国电信股份有限公司潍坊分公司 92306120923562345F 发票专用章

收款人：魏佳艺 复核：张 扬 开票人：宋 岩 销售方：（章）

第三联：发票联 购买方记账凭证

凭证 8-5

报销申请单

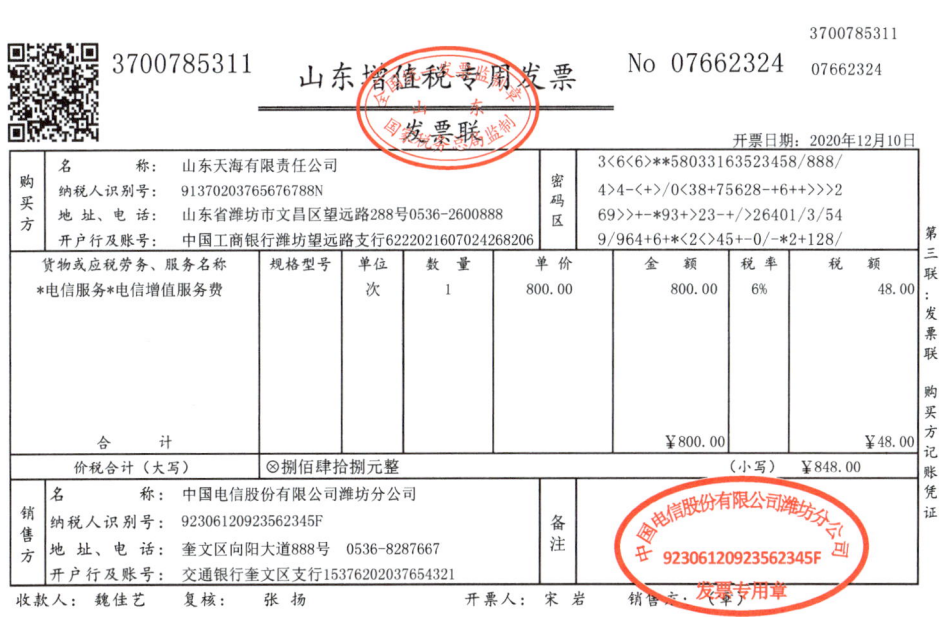

填报日期：2020年12月10日

姓 名	王 群	所属部门	企业管理部
报销项目	摘要	金额	备注
通讯费		3 921.80	
合 计		¥3 921.80	
金额大写 零拾 零万 叁仟 玖佰 贰 拾壹 元 捌 角 零分			

报销人：王 群 部门审核：王立强印 财务审核：张 宇

凭证 8-6

中国工商银行 转账支票存根 10200020 53220177	中国工商银行　转账支票　10200020 53220177
附加信息 出票日期：　年　月　日 收款人： 金额： 用途： 单位主管　　会计	付款期限自出票之日起十天 出票日期（大写）　年　月　日　付款行全称： 收款人：　出票人账号： 人民币（大写）　亿 千 百 十 万 千 百 十 元 角 分 用途 ______　密码 ______ 行号 ______ 上列款项请从我账户内支付 出票人签章　复核　记账

XX证券印制有限公司·2020年印制

凭证 9-1

3700765456　山东增值税专用发票　No 00986533　3700765456 00986533

抵扣联

开票日期：2020年12月11日

购买方	名　称：山东天海有限责任公司 纳税人识别号：91370203765676788N 地址、电话：山东省潍坊市文昌区望远路288号0536-2600888 开户行及账号：中国工商银行潍坊望远路支行6222021607024268206	密码区	5》0/9<*/643256>874/5256**<> --/*732>0+</->/9<21-452346>< 43//>0036-/5328<>78997654**/ ++5--//764<>4322>>*<6<>7<00/

货物或应税劳务、服务名称	规格型号	单位	数量	单价	金额	税率	税额
*钢材*马口铁		千克	100000	11.00	1100000.00	13%	143000.00
合　计					¥1100000.00		¥143000.00
价税合计（大写）	⊗壹佰贰拾肆万叁仟元整				（小写）¥1243000.00		

销货方	名　称：菏泽东南钢材股份有限公司 纳税人识别号：913709087876H24351 地址、电话：菏泽市牡丹区向阳大街111号 0530-8666686 开户行及账号：中国建设银行菏泽牡丹区支行18236202091900788	备注	菏泽东南钢材股份有限公司 913709087876H24351 发票专用章

收款人：张帆　复核：刘希希　开票人：王永刚　销售方：（章）

第二联：抵扣联　购买方抵扣凭证

凭证 9-2

3700765456　　**山东增值税专用发票**　　No 00986533　　3700765456 00986533

发票联

开票日期：2020年12月11日

购买方	名　　称：山东天海有限责任公司 纳税人识别号：91370203765676788N 地址、电话：山东省潍坊市文昌区望远路288号0536-2600888 开户行及账号：中国工商银行潍坊望远路支行6222021607024268206	密码区	5》0/9<*/643256>874/5256**<> --/*732>0+</->/9<21-452346>< 43//>0036-/5328<>78997654**/ ++5--//764<>4322>>*<6<>7<00/

货物或应税劳务、服务名称	规格型号	单位	数量	单价	金额	税率	税额
*钢材*马口铁		千克	100000	11.00	1100000.00	13%	143000.00
合　计					¥1100000.00		¥143000.00
价税合计（大写）	⊗壹佰贰拾肆万叁仟元整				（小写）¥1243000.00		

销货方	名　　称：菏泽东南钢材股份有限公司 纳税人识别号：913709087876H24351 地址、电话：菏泽市牡丹区向阳大街111号 0530-8666686 开户行及账号：中国建设银行菏泽牡丹区支行18236202091900788	备注	菏泽东南钢材股份有限公司 913709087876H24351 发票专用章

收款人：张帆　　复核：刘希布　　开票人：王永刚　　销售方：（章）

第三联：发票联　购买方记账凭证

凭证 9-3

付款申请书

2020年12月11日

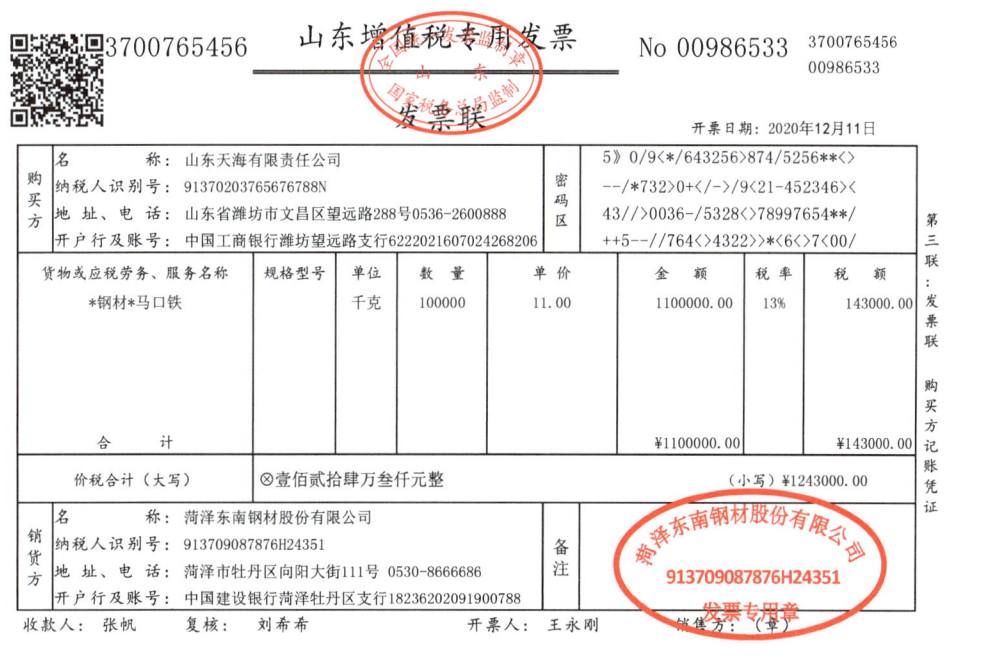

用途及情况	金额										收款单位（人）：菏泽东南钢材股份有限公司	
支付材料款	亿	千	百	十	万	千	百	十	元	角	分	账号：18236202091900788
		¥	1	2	4	3	0	0	0	0	0	开户行：中国建设银行菏泽牡丹区支行
金额（大写）合计	壹佰贰拾肆万叁仟元整											结算方式：转账
总经理	王立强印	财务部门	经理 张宇	会计 于林	业务部门	经理 李宝玉	经办人 史帅					

凭证9-4

中国工商银行 网上银行电子回单

电子回单号码：0005864218577801

付款人	户　名	山东天海有限责任公司	收款人	户　名	菏泽东南钢材股份有限公司
	账　号	6222021607024268206		账　号	18236202091900788
	开户银行	中国工商银行潍坊望远路支行		开户银行	中国建设银行菏泽牡丹区支行
金　额	人民币壹佰贰拾肆万叁仟元整		¥1 243 000.00		
摘　要	支付货款		业务（产品）种类		
用　途	购买材料付款				
交易流水号	00086955		时间戳	2020-12-11-16：09：35　084582	
（印章：中国工商银行 电子回单 专用章）	备注： 附言：　支付交易序号：　报文种类：　汇兑支付报文 委托日期：　业务种类：　普通汇兑　收款人地址：　付款人地址：				
	验证码：YUDAMMEOUEWOMNSLWE				
记账网点　0021		记账柜员　000999		记账日期　2020-12-11	

打印日期：2020年12月11日

重要提示：

1. 如果您是收款方，请到工行网站www.icbc.com.cn电子回单验证处进行回单验证。
2. 本回单不作为收款方发货依据，并请勿重复记账。
3. 您可以选择发送邮件，将此电子回单发送给指定的接收人。

凭证10-1

3701367178　**山东增值税专用发票**　No 06275428　3701367178 06275428

（印章：山 东 …… 监制）

抵扣联

开票日期：2020年12月12日

购买方	名称：山东天海有限责任公司 纳税人识别号：91370203765676788N 地址、电话：山东省潍坊市文昌区望远路288号0536-2600888 开户行及账号：中国工商银行潍坊望远路支行6222021607024268206				密码区	4<2<7858*0331/373>67<689<< ++8+505>4-<+>/0<38+70/420/> 09>>+-*93+>6401/3/4541*2<-4 -*2+88++5/443+6+*<2<>0-19<4	
货物或应税劳务、服务名称	规格型号	单位	数量	单价	金额	税率	税额
*广告服务*广告宣传费		次	1	500000.00	500000.00	6%	30000.00
合　计					¥500000.00		¥30000.00
价税合计（大写）	⊗伍拾叁万元整					（小写）¥530000.00	
销售方	名称：青岛朝阳广告有限公司 纳税人识别号：50010115123409992A 地址、电话：青岛市中山路1168号　0531-87776556 开户行及账号：交通银行青岛市中山路支行51372323111198673				备注	（印章：青岛朝阳广告有限公司 50010115123409992A 发票专用章）	

收款人：燕青　复核：庞帆　开票人：杨晶　销售方：（章）

第二联：抵扣联　购买方抵扣凭证

凭证 10-2

3701367178　**山东增值税专用发票**　No 06275428　3701367178 06275428

发票联

开票日期：2020年12月12日

购买方	名　　称：山东天海有限责任公司 纳税人识别号：91370203765676788N 地 址、电 话：山东省潍坊市文昌区望远路288号0536-2600888 开户行及账号：中国工商银行潍坊望远路支行6222021607024268206	密码区	4<2<7858*0331/373>67<689<< ++8+505>4-<+>/0<38+70/420/> 09>>+-*93+>6401/3/4541*2<-4 -*2+88++5/443+6+*<2<>0-19<4

货物或应税劳务、服务名称	规格型号	单位	数　量	单　价	金　额	税 率	税　额
*广告服务*广告宣传费		次	1	500000.00	500000.00	6%	30000.00
合　计					¥500000.00		¥30000.00
价税合计（大写）	⊗伍拾叁万元整				（小写）¥530000.00		

销售方	名　　称：青岛朝阳广告有限公司 纳税人识别号：50010115123409992A 地 址、电 话：青岛市中山路1168号　0531-87776556 开户行及账号：交通银行青岛市中山路支行51372323111198673	备注	青岛朝阳广告有限公司 50010115123409992A 发票专用章

收款人：燕　青　　复核：　庞　帆　　开票人：杨　晶　　销售方：（章）

第三联：发票联　购买方记账凭证

凭证 10-3

付款申请书

2020年12月12日

用途及情况	金　额											收款单位（人）：青岛朝阳广告有限公司	
支付广告费	亿	千	百	十	万	千	百	十	元	角	分	账号：51372323111198673	
			¥	5	3	0	0	0	0	0	0	开户行：交通银行青岛市中山路支行	
金额（大写）合计	伍拾叁万元整											结算方式：转账支票	
总经理	王立强印		财务部门		经理	张宇						业务部门	经理：李飞
					会计	于林							经办人：王辉

凭证 10-4

中国工商银行
转账支票存根
10200020
53220178

XX证券印制有限公司·2020年印制

附加信息

出票日期：　年　月　日
收款人：
金额：
用途：

单位主管　　会计

中国工商银行　转账支票　　10200020
53220178

付款期限自出票之日起十天

出票日期（大写）　年　月　日　付款行全称：
收款人：　出票人账号：

人民币（大写）	亿	千	百	十	万	千	百	十	元	角	分

用途 ________　　密码 ________
　　　　　　　　行号 ________

上列款项请从
我账户内支付

出票人签章　　复核　　记账

凭证 10-5

中国工商银行　进账单（收账通知）　1

年　月　日　　NO. 7800076

出票人	全　称		收款人	全　称	
	账　号			账　号	
	开户银行			开户银行	

金额	人民币（大写）	亿	千	百	十	万	千	百	十	元	角	分

票据种类		票据张数		
票据号码				
复核　　记账				收款人开户银行签章

此联是开户银行交给持票人的回单

凭证 11-1

3700499870　**山东增值税专用发票**　No 08323291　3700499870 08323291

此联不作报销、扣税凭证使用

开票日期：2020年12月15日

购买方	名　　称：柳州朝阳有限责任公司 纳税人识别号：564635562456786543 地 址、电 话：柳州市淮山区青岛路876号　0772-68878866 开户行及账号：柳州银行淮山区支行1283764000000007621	密码区	1<6<6>**5803312578<>*9974>< --89>34/0+<-</2>56+56/321>- 66<<-/36->6543/1/45678//>2 -*7+54--4/231-8-/*2<>9976<>

货物或应税劳务、服务名称	规格型号	单位	数　量	单　价	金　额	税　率	税　额
*钢材*1号瓶盖	14cm	个	150000	1.80	270000.00	13%	35100.00
*钢材*2号瓶盖	16cm	个	600000	2.00	1200000.00	13%	156000.00
合　　计					¥1470000.00		¥191100.00
价税合计（大写）	⊗壹佰陆拾陆万壹仟壹佰元整				（小写）¥1661100.00		

销售方	名　　称：山东天海有限责任公司 纳税人识别号：91370203765676788N 地 址、电 话：山东省潍坊市文昌区望远路288号0536-2600888 开户行及账号：中国工商银行潍坊望远路支行6222021607024268206	备注	

收款人：王鑫　　复核：张宇　　开票人：于林　　销售方：（章）

第一联：记账联　销售方记账凭证

凭证 11-2

销售单

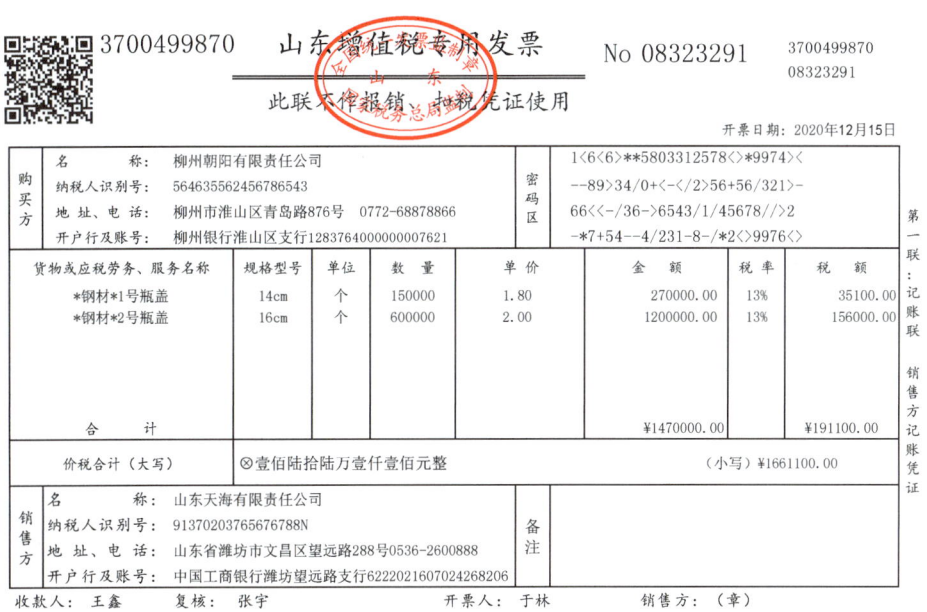

购货单位：柳州朝阳机械有限公司　地址：柳州市淮山区青岛路876号　单据编号：1098810

纳税识别号：564635562456786543　开户行：柳州银行淮山区支行　制单日期：2020年12月15日

编码	产品名称	规格	单位	单价	数量	金额	备注
PG01	1号瓶盖	14cm	个	1.80	150 000	270 000.00	不含税价
PG02	2号瓶盖	16cm	个	2.00	600 000	1 200 000.00	不含税价

第二联　会计联

销售经理：李飞　　经办人：王辉　　财务经理：张宇

凭证 11-3

本回单为第一次打印，注意重复　打印日期：2020年12月15日　打印柜员：5　验证码：

业务回单（收款）

日期：2020年12月15日
回单编号：　192690372
付款人户名：柳州朝阳有限责任公司　付款人开户行：柳州银行淮山区支行
付款人账号（卡号）：1283764000000007621
收款人户名：山东天海有限责任公司　收款人开户行：中国工商银行潍坊望远路支行
收款人账号（卡号）：6222021607024268206
金额：人民币壹佰陆拾陆万壹仟壹佰元整　小写：1 661 100.00
业务（产品）种类：网银互联　凭证种类：000000000　凭证号码：0000000000000000
摘要：货款　用途：　币种：人民币
交易机构：0160600021　记账柜员：00007　交易代码：89643　渠道：其他
附言：　支付交易序号：19456664　报文种类：IBP101网银贷记业务报文　委托日期：2020-12-15

（印章：中国工商银行股份有限公司 潍坊望远路支行 业务专用章 4BBDBA745651）

凭证 12-1

中国工商银行
转账支票存根
10200020
53220179

XX证券印制有限公司 • 2020年印制

附加信息

出票日期　2020年12月15日
收款人：山东天海有限责任公司
金　额：¥259 191.16
用　途：发放工资
单位主管　会计

凭证 12-2

中国工商银行 进账单（收账通知） 1

2020年12月15日　　　　NO. 7800077

出票人	全　称	山东天海有限责任公司	收款人	全　称	山东天海有限责任公司
	账　号	6222021607024268206		账　号	6222021607024268206
	开户银行	中国工商银行潍坊望远路支行		开户银行	中国工商银行潍坊望远路支行
金额	人民币（大写）	贰拾伍万玖仟壹佰玖拾壹元壹角陆分		亿千百十万千百十元角分	¥ 2 5 9 1 9 1 1 6
票据种类	转账支票	票据张数	1		
票据号码	53220179				
复核　记账			收款人开户银行签章		

中国工商银行 潍坊望远路支行 2020.12.15 转讫

此联是开户银行交给持票人的回单

凭证 12-3

工资结算汇总表

2020年11月30日　　　　单位：元

部门		短期薪酬	代扣工资						实发金额
		应付工资	三险一金基数	养老保险 8.00%	失业保险 0.20%	医疗保险 2.00%	住房公积金 12.00%	小计	
生产车间	生产工人	238 750.00	228 240.00	18 259.20	456.48	4 564.80	27 388.80	50 669.28	188 080.72
	管理人员	13 620.00	12 980.00	1 038.40	25.96	259.60	1 557.60	2 881.56	10 738.44
管理部门		62 000.00	59 730.00	4 778.40	119.46	1 194.60	7 167.60	13 260.06	48 739.94
销售部门		14 800.00	14 270.00	1 141.60	28.54	285.40	1 712.40	3 167.94	11 632.06
合 计		329 170.00	315 220.00	25 217.60	630.44	6 304.40	37 826.40	69 978.84	259 191.16

审核：巩晨　　　　制表：王琳

凭证 13-1

社会保险费计算表

2020年12月14日 单位：元

部门		缴费基数	短期薪酬				离职后福利				合计
			医疗保险		工伤保险	生育保险	养老保险		失业保险		
			企业承担部分	个人承担部分	企业承担	企业承担	企业承担部分	个人承担部分	企业承担部分	个人承担部分	
			10.00%	2.00%	0.20%	0.80%	16.00%	8.00%	0.80%	0.20%	
生产车间	生产工人	228 240.00	22 824.00	4 564.80	456.48	1 825.92	36 518.40	18 259.20	1 825.92	456.48	86 731.20
	管理人员	12 980.00	1 298.00	259.60	25.96	103.84	2 076.80	1 038.40	103.84	25.96	4 932.40
管理部门		59 730.00	5 973.00	1 194.60	119.46	477.84	9 556.80	4 778.40	477.84	119.46	22 697.40
销售部门		14 270.00	1 427.00	285.40	28.54	114.16	2 283.20	1 141.60	114.16	28.54	5 422.60
合计		315 220.00	31 522.00	6 304.40	630.44	2 521.76	50 435.20	25 217.60	2 521.76	630.44	119 783.60

审核：巩晨 制表：王琳

凭证 13-2

交通银行电子缴税付款凭证

转账日期：2020年12月15日 凭证字号：99661265

纳税人全称及纳税人识别号： 山东天海有限责任公司91370203765676788N

付款人全称：山东天海有限责任公司

付款人账号：6222601050000786789 征收机关名称：国家税务总局潍坊市文昌区税务局

付款人开户银行：交通银行潍坊胜利支行 收款国库（银行）名称： 国家金库潍坊市文昌区支库

小写（合计）金额：¥119 783.60 缴款书交易流水号：2020121576545892

大写（合计）金额：壹拾叁万零壹佰捌拾伍元捌角陆分 税票号码： 19378324

税（费）种名称	所属日期	实缴金额
社保费（医疗）	20201201-20201231	37 826.40
社保费（工伤）	20201201-20201231	630.44
社保费（生育）	20201201-20201231	2 521.76
社保费（养老）	20201201-20201231	75 652.80
社保费（失业）	20201201-20201231	3 152.20

交通银行潍坊胜利支行 2020年12月15日 业务专用章

打印时间：2020年12月15日

会计流水号： 复核： 记账：

第二联 作付款回单（无银行收讫章无效）

凭证 14-1

交通银行电子缴税付款凭证

转账日期：2020年12月15日　　　　凭证字号：89764539

纳税人全称及纳税人识别号：　山东天海有限责任公司91370203765676788N
付款人全称：山东天海有限责任公司
付款人账号：6222601050000786789　　　征收机关名称：国家税务总局潍坊市文昌区税务局
付款人开户银行：交通银行潍坊胜利支行　　　收款国库（银行）名称：　国家金库潍坊市文昌区支库
小写（合计）金额：¥88 976.00　　　缴款书交易流水号：2020121587656789
大写（合计）金额：捌万捌仟玖佰柒拾陆元整　税票号码：　48656789

税（费）种名称	所属日期	实缴金额
企业所得税	20201101-20201130	88 976.00

交通银行潍坊胜利支行 2020年12月15日 业务专用章

打印时间：2020年12月15日

会计流水号：　　　复核：　　　记账：

第二联　作付款回单（无银行收讫章无效）

凭证 14-2

交通银行电子缴税付款凭证

转账日期：2020年12月15日　　　　凭证字号：89764540

纳税人全称及纳税人识别号：　山东天海有限责任公司91370203765676788N
付款人全称：山东天海有限责任公司
付款人账号：6222601050000786789　　　征收机关名称：国家税务总局潍坊市文昌区税务局
付款人开户银行：交通银行潍坊胜利支行　　　收款国库（银行）名称：　国家金库潍坊市文昌区支库
小写（合计）金额：¥26 532.00　　　缴款书交易流水号：2020121587656790
大写（合计）金额：贰万陆仟伍佰叁拾贰元整　税票号码：　48656790

税（费）种名称	所属日期	实缴金额
增值税	20201101-20201130	26 532.00

交通银行潍坊胜利支行 2020年12月15日 业务专用章

打印时间：2020年12月15日

会计流水号：　　　复核：　　　记账：

第二联　作付款回单（无银行收讫章无效）

凭证 14-3

交通银行电子缴税付款凭证

转账日期：2020年12月15日　　凭证字号：99661266

纳税人全称及纳税人识别号：　山东天海有限责任公司91370203765676788N

付款人全称：山东天海有限责任公司

付款人账号：6222601050000786789　　征收机关名称：国家税务总局潍坊市文昌区税务局

付款人开户银行：交通银行潍坊胜利支行　　收款国库（银行）名称：国家金库潍坊市文昌区支库

小写（合计）金额：¥3 183.84　　缴款书交易流水号：2020121587658491

大写（合计）金额：叁仟壹佰捌拾叁元捌角肆分　　税票号码：48656791

税（费）种名称	所属日期	实缴金额
城市维护建设税	20201101-20201130	1 857.24
教育费附加	20201101-20201130	795.96
地方教育附加	20201101-20201130	530.64

交通银行潍坊胜利支行 2020年12月15日 业务专用章

打印时间：2020年12月15日

会计流水号：　　复核：　　记账：

第二联 作付款回单（无银行收讫章无效）

凭证 15-1

收　料　单

供应单位：菏泽东南钢材股份有限公司　　收料单号：YZ-0239

材料类别：原材料　　2020 年12 月 15 日　　收料仓库：原材料仓库

材料编号	名 称	规 格	单 位	数量		实际成本				
				应收	实收	买 价		运杂费	其 他	合 计
						单 价	金 额			
	马口铁		千克	100 000	100 000	11.00	1 100 000.00			1 100 000.00
合　计							1 100 000.00			1 100 000.00
备　注										

仓库主管：王 浩　　记账：韩雪雪　　收料：韩雪雪　　经办人：史 帅

第三联 记账联

凭证 16-1

领 料 单

领料部门：一车间

用途：生产1号瓶盖　　2020 年 12 月 16 日　　第004号

材料编号	材料名称	材料规格	单位	数量		成本	
				请领	实发	单价	总价
	马口铁		千克	70 000	70 000		
	PVC树脂		千克	14 000	14 000		
合 计							
备 注							

第三联 记账联

部门经理：李中华　　会计：于林　　仓库：韩雪雪　　经办人：王南南

凭证 16-2

领 料 单

领料部门：二车间

用途：生产2号瓶盖　　2020 年 12 月 16 日　　第005号

材料编号	材料名称	材料规格	单位	数量		成本	
				请领	实发	单价	总价
	马口铁		千克	50 000	50 000		
	PVC树脂		千克	10 000	10 000		
合 计							
备 注							

第三联 记账联

部门经理：李中华　　会计：于林　　仓库：韩雪雪　　经办人：王南南

凭证 17-1

公益事业捐赠统一票据

UNIFIED INVOICE OF DONATION FOR PUBLIC WELFARE

国财002011　　2020年12月18日

捐赠人Donor：山东天海有限责任公司　　Y M D　　No. 94157650

捐赠项目 For purpose	实物（外币）种类 Material objects(Currency)	数量 Amount	千	百	十	万	千	百	十	元	角	分
助学救助款	人民币					5	0	0	0	0	0	0
金额合计(小写)In Figures					¥	5	0	0	0	0	0	0
金额合计(大写)In words	零仟 零佰 零拾伍万 零仟 零佰 零拾 零元 零角 零分											

（金额栏表头：金额 Total amount）

第二联 收据

接收单位(盖章)：Receiver's Seal　　复核人：陆羽 Verified by　　开票人：景洋洋 Handling person

感谢您对公益事业的支持！Thank you for support of public welfare!

凭证 17-2

付款申请书

2020年12月18日

用途及情况	金额											收款单位（人）：中国教育发展基金会	
捐赠支出	亿	千	百	十	万	千	百	十	元	角	分	账号：6678990075000769898	
				¥	5	0	0	0	0	0	0	开户行：中国农业银行济南市槐荫区分行	
金额（大写）合计	伍万元整											结算方式：网银转账	
总经理	王立强印	财务部门	经理 张宇 / 会计 于林									业务部门	经理 王立强 / 经办人 王群

凭证 17-3

中国工商银行 网上银行电子回单

电子回单号码：0005864218577898

付款人	户　名	山东天海有限责任公司	收款人	户　名	中国教育发展基金会
	账　号	6222021607024268206		账　号	6678990075000769898
	开户银行	中国工商银行潍坊望远路支行		开户银行	中国农业银行济南市槐荫区分行
金　额		人民币伍万元整			¥50 000.00
摘　要		捐款	业务（产品）种类		
用　途					
交易流水号		08411176	时间戳		2020-12-18-14：25：13　084674
中国工商银行 电子回单专用章		备注： 附言：　支付交易序号：　报文种类：　汇兑支付报文 委托日期：　业务种类：　普通汇兑 收款人地址：　付款人地址：			
		验证码：YUDAMMEOUEWOMNSLWE			
记账网点　0021		记账柜员　000999		记账日期　2020-12-18	

打印日期：2020年12月18日

重要提示：

1. 如果您是收款方，请到工行网站www.icbc.com.cn电子回单验证处进行回单验证。
2. 本回单不作为收款方发货依据，并请勿重复记账。
3. 您可以选择发送邮件，将此电子回单发送给指定的接收人。

凭证 18-1

借款单

2020年12月18日

借款人：王辉	所属部门：销售部
借款用途：预借差旅费	
借款金额（人民币大写）：肆仟元整	小写：¥4 000.00
部门负责人审批：李飞	借款人（签章）：王辉
财务部门审核：张宇　现金付讫	
单位负责人审批：同意	签章：王立强印
核销记录：	

凭证 19-1

中国工商银行（潍坊望远路支行）计付存款利息清单（收款通知）

2020年12月21日

单位名称：山东天海有限责任公司					
结算账号：6222021607024268206			存款账号：6222021607024268206		
编号	计息类型	计息起讫日期	计息积数	利率	利息金额
	活期储蓄存款	2020.09.21-2020.12.20	2 180 000.00	0.35%	1 907.50
摘要：利息				金额合计	¥1 907.50
金额合计（大写）壹仟玖佰零柒元伍角整					

中国工商银行 潍坊望远路支行 2020.12.21 转讫

复核： 记账：

凭证 19-2

交通银行（潍坊胜利支行）计付存款利息清单（收款通知）

2020年12月21日

单位名称：山东天海有限责任公司					
结算账号：6222601050000786789			存款账号：6222601050000786789		
编号	计息类型	计息起讫日期	计息积数	利率	利息金额
	活期储蓄存款	2020.09.21-2020.12.20	580 000	0.35%	293.48
摘要：利息				金额合计	¥293.48
金额合计（大写）贰佰玖拾叁元肆角捌分					

交通银行 潍坊胜利支行 2020.12.21 转讫 (01)

复核： 记账：

凭证 20-1

收款收据

No. 00235

2020年12月22日

今收到	史　帅
交来	违纪罚款
人民币（大写）	零拾 零万 零 仟 贰 佰 零 拾 零元 零角 零分
（小写）	¥ 200.00　　现金收讫
☑现金　☐支票　☐信用卡　☐其他	收款单位（签章）　东天海有限责任公司 财务专用章

第三联　交财务

会计：于林　　记账：　　出纳：王鑫　　经手人：史帅

凭证 21-1

差旅费报销单

年　月　日　　　　附件共　　张

所属部门					姓名		出差事由			
出发		到达		起止地点		交通费	住宿费	伙食费	其他	合计金额
月	日	月	日							
				现金收讫						
合计	大写金额：			¥		预支差旅费		退回金额		
								补付金额		

总经理：　　财务经理：　　出纳：　　部门经理：　　报销人：

凭证 21-2

3187656780

上海增值税专用发票

抵扣联

No 02787771　3187656780 02787771

开票日期：2020年12月23日

购买方	名　　称：山东天海有限责任公司 纳税人识别号：91370203765676788N 地 址、电 话：山东省潍坊市文昌区望远路288号0536-2600888 开户行及账号：中国工商银行潍坊望远路支行6222021607024268206	密码区	1---->**580331/373>8-=86432 ++8+505>4-<+>/0<78-9621+=23 09>>+-*93+>6401/3/4223-+/>2 -*2+88++5/320+6+*<2<>325780

货物或应税劳务、服务名称	规格型号	单位	数量	单价	金额	税率	税额
*住宿服务*住宿费		天	4	380.00	1520.00	6%	91.20
合　计					¥1520.00		¥91.20
价税合计（大写）	⊗壹仟陆佰壹拾壹元贰角整				（小写）¥1611.20		

销售方	名　　称：上海宝利来酒店有限公司 纳税人识别号：987645468754321A 地 址、电 话：上海市浦东区南湖路112号 021-89364657 开户行及账号：浙商银行上海市浦东区南湖支行432378546543245632	备注	上海宝利来酒店有限公司 987645468754321A 发票专用章

收款人：辛 峰　　复核：袁 英　　开票人：辛 峰　　销售方：（章）

第二联：抵扣联 购买方抵扣凭证

凭证 21-3

3187656780

上海增值税专用发票

发票联

No 02787771　3187656780 02787771

开票日期：2020年12月23日

购买方	名　　称：山东天海有限责任公司 纳税人识别号：91370203765676788N 地 址、电 话：山东省潍坊市文昌区望远路288号0536-2600888 开户行及账号：中国工商银行潍坊望远路支行6222021607024268206	密码区	1---->**580331/373>8-=86432 ++8+505>4-<+>/0<78-9621+=23 09>>+-*93+>6401/3/4223-+/>2 -*2+88++5/320+6+*<2<>325780

货物或应税劳务、服务名称	规格型号	单位	数量	单价	金额	税率	税额
*住宿服务*住宿费		天	4	380.00	1520.00	6%	91.20
合　计					¥1520.00		¥91.20
价税合计（大写）	⊗壹仟陆佰壹拾壹元贰角整				（小写）¥1611.20		

销售方	名　　称：上海宝利来酒店有限公司 纳税人识别号：987645468754321A 地 址、电 话：上海市浦东区南湖路112号 021-89364657 开户行及账号：浙商银行上海市浦东区南湖支行432378546543245632	备注	上海宝利来酒店有限公司 987645468754321A 发票专用章

收款人：辛 峰　　复核：袁 英　　开票人：辛 峰　　销售方：（章）

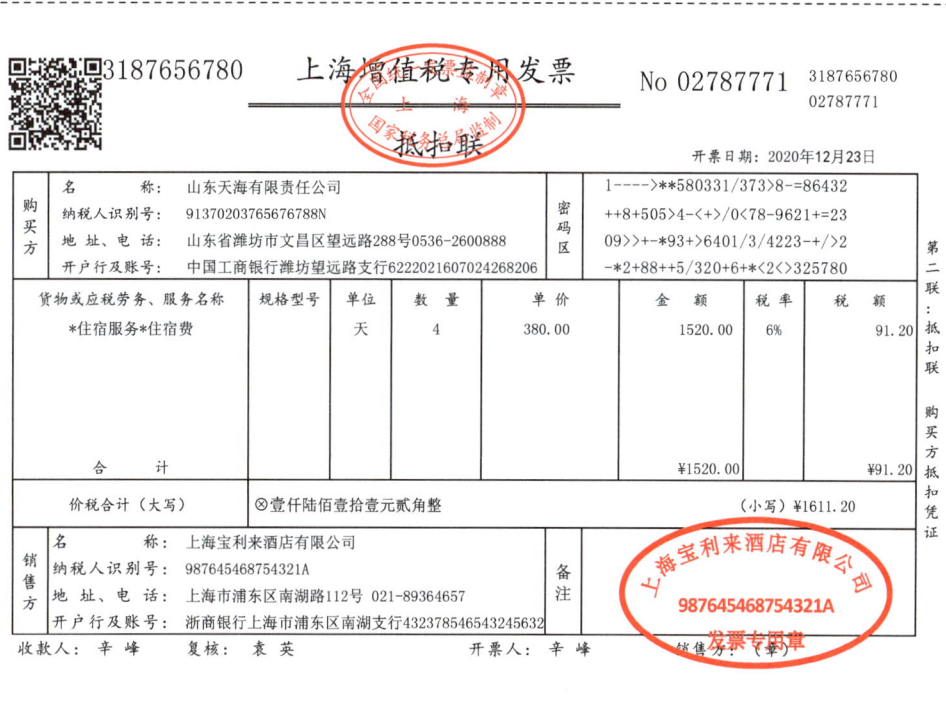

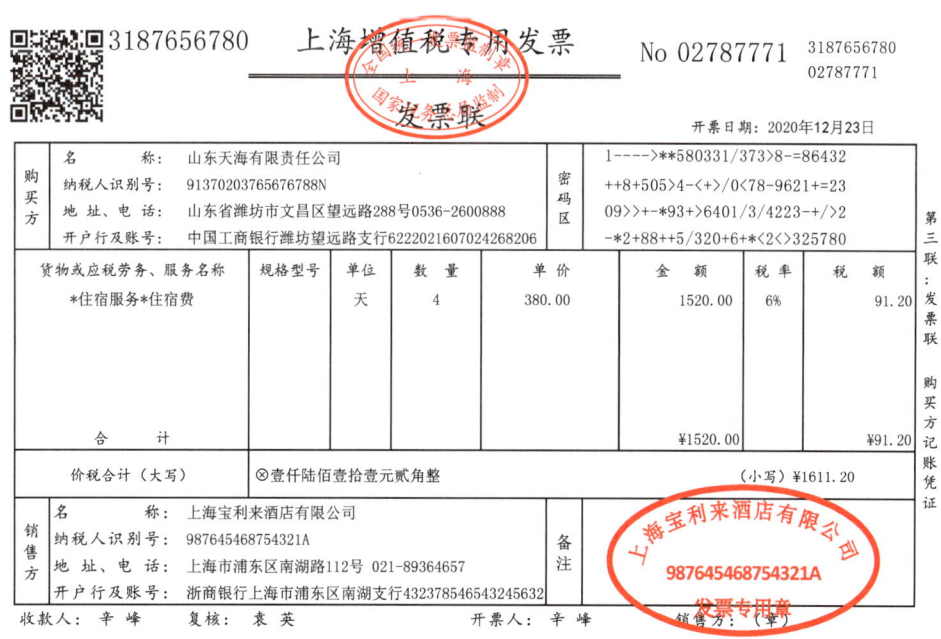

第三联：发票联 购买方记账凭证

凭证 21-4

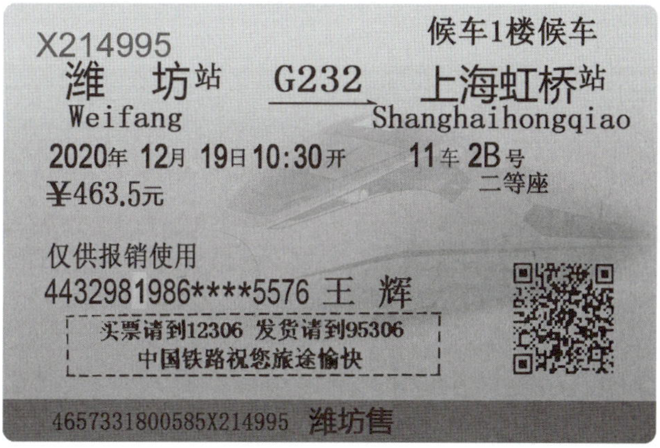
X214995
候车1楼候车
潍 坊站 G232 上海虹桥站
Weifang Shanghaihongqiao
2020年 12月 19日 10:30开
11车 2B号
二等座
¥463.5元
仅供报销使用
4432981986****5576 王 辉
买票请到12306 发货请到95306
中国铁路祝您旅途愉快
4657331800585X214995 潍坊售

凭证 21-5

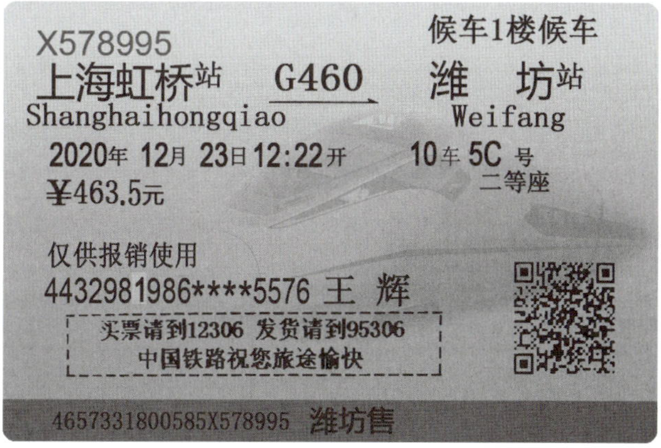
X578995
候车1楼候车
上海虹桥站 G460 潍 坊站
Shanghaihongqiao Weifang
2020年 12月 23日 12:22开
10车 5C号
二等座
¥463.5元
仅供报销使用
4432981986****5576 王 辉
买票请到12306 发货请到95306
中国铁路祝您旅途愉快
4657331800585X578995 潍坊售

凭证 21-6

上海增值税普通发票

318765227512　　No 02713248　　318765227512 02713248

发票联

校验码 51120 21654 67997 56890　　开票日期：2020年12月23日

购买方	名　　称：山东天海有限责任公司 纳税人识别号：91370203765676788N 地 址、电 话：山东省潍坊市文昌区望远路288号0536-2600888 开户行及账号：中国工商银行潍坊望远路支行6222021607024268206	密码区	8////>**580331/373>//>><<45 ++8+505>4-<+>/0<4749958=—3 66>>+-*93+>6401/3/89++++—— -*2+88++5/320+6+*<2<>><<+89

货物或应税劳务、服务名称	规格型号	单位	数　量	单　价	金　额	税 率	税　额
*餐饮服务*餐费		次	8	56.60	452.83	6%	27.17
合　　计					¥452.83		¥27.17
价税合计（大写）	⊗肆佰捌拾元整				（小写）¥480.00		

销售方	名　　称：上海宝利来酒店有限公司 纳税人识别号：987645468754321A 地 址、电 话：上海市浦东区南湖路112号 021-89364657 开户行及账号：浙商银行上海市浦东区南湖支行4323785465432456З2	备注	上海宝利来酒店有限公司 987645468754321A 发票专用章

收款人：辛 峰　　复核：袁 英　　开票人：辛 峰　　销售方：（章）

第二联：发票联　购买方记账凭证

凭证 21-7

收款收据

No. 00236

年　月　日

今收到 ____________________

交来 ____________________　现金收讫

人民币（大写）　拾　万　仟　佰　拾　元　角　分

（小写）__________

☐ 现金　☐支票　☐信用卡　☐其他　　收款单位（签章）

山东天海有限责任公司　财务专用章

会计：　　记账：　　出纳：　　经手人：

第三联　交财务

凭证 22-1

3707898678

山东增值税专用发票

No 07665981 3707898678 07665981

抵扣联

开票日期：2020年12月24日

购买方	名　　称：山东天海有限责任公司 纳税人识别号：91370203765676788N 地 址、电 话：山东省潍坊市文昌区望远路288号0536-2600888 开户行及账号：中国工商银行潍坊望远路支行6222021607024268206			密码区	1<6<6>**58033163523458/098> 5>4-<+>/0<38+75628-+6++8+12 09>>+-*93+>23-+/>26401/3/34 5/320+6+*<2<>45+-0/-*2+66--		
货物或应税劳务、服务名称	规格型号	单位	数　量	单　价	金　额	税 率	税　额
*纸制品*打印纸		箱	1	300.00	300.00	13%	39.00
*文具*中性笔		盒	4	17.24	68.96	13%	8.96
合　　计					¥368.96		¥47.96
价税合计（大写）	⊗肆佰壹拾陆元玖角贰分				（小写）¥416.92		
销售方	名　　称：潍坊市飞云商贸有限公司 纳税人识别号：934543454657834552 地 址、电 话：奎文区东风东街1999号 0536-8267876 开户行及账号：中国农业银行奎文区支行15346266038854789			备注			

收款人：董 庆　　复核：谢 岩　　开票人：徐 佳　　销售方：（章）

第二联：抵扣联 购买方抵扣凭证

凭证 22-2

3707898678

山东增值税专用发票

No 07665981 3707898678 07665981

发票联

开票日期：2020年12月24日

购买方	名　　称：山东天海有限责任公司 纳税人识别号：91370203765676788N 地 址、电 话：山东省潍坊市文昌区望远路288号0536-2600888 开户行及账号：中国工商银行潍坊望远路支行6222021607024268206			密码区	1<6<6>**58033163523458/098> 5>4-<+>/0<38+75628-+6++8+12 09>>+-*93+>23-+/>26401/3/34 5/320+6+*<2<>45+-0/-*2+66--		
货物或应税劳务、服务名称	规格型号	单位	数　量	单　价	金　额	税 率	税　额
*纸制品*打印纸		箱	1	300.00	300.00	13%	39.00
*文具*中性笔		盒	4	17.24	68.96	13%	8.96
合　　计					¥368.96		¥47.96
价税合计（大写）	⊗肆佰壹拾陆元玖角贰分				（小写）¥416.92		
销售方	名　　称：潍坊市飞云商贸有限公司 纳税人识别号：934543454657834552 地 址、电 话：奎文区东风东街1999号 0536-8267876 开户行及账号：中国农业银行奎文区支行15346266038854789			备注			

收款人：董 庆　　复核：谢 岩　　开票人：徐 佳　　销售方：（章）

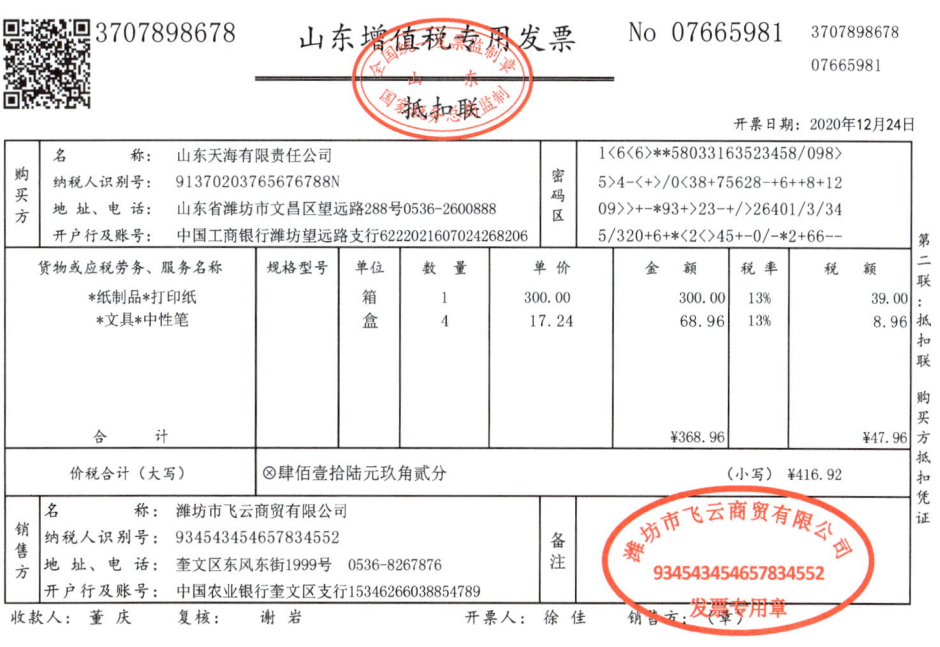

第三联：发票联 购买方记账凭证

凭证 22-3

报销申请单

填报日期：2020年12月24日

姓 名	王群	所属部门	企业管理部
报销项目	摘要	金额	备注
办公用品		416.92	购入的办公用品全部被财务部领用
	现金付讫		
合 计		¥416.92	
金额大写 零拾 零万 零仟 肆佰 壹 拾 陆 元 玖 角 贰分			

报销人：王群　　部门审核：强王印立　　财务审核：张宇

凭证 23-1

本回单为第一次打印，注意重复　打印日期：2020年12月24日　打印柜员：8　验证码：

业务回单（收款）

日期：2020年12月24日

回单编号：　19269000109

付款人户名：台州酒业有限责任公司　　付款人开户行：台州银行威海路支行

付款人账号（卡号）：1983457675436784896

收款人户名：山东天海有限责任公司　　收款人开户行：中国工商银行潍坊望远路支行

收款人账号（卡号）：6222021607024268206

金额：人民币伍拾伍万陆仟柒佰捌拾元整　　小写：556 780.00

业务（产品）种类：网银互联　凭证种类：000000000　　凭证号码：00000000000000000

摘要：货款　　用途：　　币种：人民币

交易机构：0160600001　记账柜员：00213　交易代码：51008　　渠道：其他

附言：　支付交易序号：19451112　报文种类：IBP101网银贷记业务报文　委托日期：2020-12-24

（印章：中国工商银行股份有限公司 潍坊望远路支行 业务专用章 4BBDBA745651）

凭证 24-1

3700499870

山东增值税专用发票

No 08323292

3700499870
08323292

此联不作报销、扣税凭证使用

开票日期：2020年12月31日

购买方	名　　称：济南东城机械有限公司 纳税人识别号：913701042644188211 地 址、电 话：济南市历下区经十路101号　0531-89878864 开户行及账号：齐鲁银行济南段店支行1171414000000004653	密码区：1<6<6>**5803312578<>*9974>< ++53>15>4-<+>/0<38+70/420/> 09>>+-*93+>6401/3/454115/+- -*2+88++5/320+6+*<2<>0--+15

货物或应税劳务、服务名称	规格型号	单位	数　量	单 价	金　额	税 率	税　额
*钢材*1号瓶盖	14cm	个	850000	1.80	1530000.00	13%	198900.00
合　　计					¥1530000.00		¥198900.00
价税合计（大写）	⊗壹佰柒拾贰万捌仟玖佰元整				（小写）¥1728900.00		

销售方	名　　称：山东天海有限责任公司 纳税人识别号：91370203765676788N 地 址、电 话：山东省潍坊市文昌区望远路288号0536-2600888 开户行及账号：中国工商银行潍坊望远路支行6222021607024268206	备注：

收款人：王鑫　　复核：张宇　　开票人：于林　　销售方：（章）

第一联：记账联　销售方记账凭证

凭证 24-2

销售单

购货单位：济南东城机械有限公司　　地址：济南市历下区经十路101号　　单据编号：1098811

纳税识别号：913701042644188211　　开户行：齐鲁银行济南段店支行　　制单日期：2020年12月31日

编码	产品名称	规格	单位	单价	数量	金额	备注
PG01	1号瓶盖	14cm	个	1.80	850 000	1 530 000.00	不含税价

销售经理：李飞　　经办人：王辉　　财务经理：张宇

第二联 会计联

凭证 25-1

职工薪酬汇总表

2020年12月31日　　单位：元

部门		短期薪酬						离职后福利		合计
		应付工资	五险一金基数	医疗保险	工伤保险	生育保险	住房公积金	养老保险	失业保险	
				10.00%	0.20%	0.80%	12.00%	16.00%	0.80%	
生产车间	生产工人	246 750.00	228 240.00	22 824.00	456.48	1 825.92	27 388.80	36 518.40	1 825.92	337 589.52
	管理人员	14 120.00	12 980.00	1 298.00	25.96	103.84	1 557.60	2 076.80	103.84	19 286.04
管理部门		62 000.00	59 730.00	5 973.00	119.46	477.84	7 167.60	9 556.80	477.84	85 772.54
销售部门		21 050.00	14 270.00	1 427.00	28.54	114.16	1 712.40	2 283.20	114.16	26 729.46
合计		343 920.00	315 220.00	31 522.00	630.44	2 521.76	37 826.40	50 435.20	2 521.76	469 377.56

审核：巩晨　　制表：王琳

凭证 25-2

职工薪酬分配表

2020年12月31日　　单位：元

部门		分配标准（工时）	分配率	分配金额
生产车间	1号瓶盖	12 000	16.879 5	202 554.00
	2号瓶盖	8 000	16.879 5	135 035.52
	小计	20 000		337 589.52
生产车间管理人员				19 286.04
管理部门				85 772.54
销售部门				26 729.46
合计				469 377.56

审核：张宇　　制单：于林

凭证 26-1

固定资产折旧计算表

2020年12月31日　　单位：元

使用单位和固定资产类别		月初原值	固定资产月折旧率	本月应提折旧额
生产车间	厂房	7 100 000.00	0.40%	28 400.00
	生产设备	2 050 000.00	0.80%	16 400.00
	小计	9 150 000.00		44 800.00
管理部门	办公楼	3 600 000.00	0.40%	14 400.00
	管理设备	230 000.00	1.60%	3 680.00
	小计	3 830 000.00		18 080.00
销售部门	管理设备	250 000.00	1.60%	4 000.00
合　计		13 230 000.00		66 880.00

审核：张宇　　制单：于林

凭证 27-1

3700194557　山东增值税专用发票　No 07661248　3700194557 07661248

抵扣联

开票日期：2020年12月31日

购买方	名　称：山东天海有限责任公司 纳税人识别号：91370203765676788N 地址、电话：山东省潍坊市文昌区望远路288号0536-2600888 开户行及账号：中国工商银行潍坊望远路支行6222021607024268206	密码区	3635223->-*93+>61<6<6>**580 ++8+508-+6/373>635215>4-<+> 09>>+-*+31/373>/42/93+>623- -*2+2<++5/320+>45+6+*<-0/88

货物或应税劳务、服务名称	规格型号	单位	数量	单价	金额	税率	税额
*供电*电费		千瓦时	10120	0.80	8096.00	13%	1052.48
合　计					¥8096.00		¥1052.48
价税合计（大写）	⊗玖仟壹佰肆拾捌元肆角捌分				（小写）¥9148.48		

销售方	名　称：潍坊市供电公司 纳税人识别号：913706129661666989 地址、电话：山东潍坊潍城东风西街425号 0536-8362030 开户行及账号：交通银行潍城区东风西街支行6222021607037738389	备注	

收款人：柳林　复核：朱晓峰　开票人：于航　销售方：（章）

第二联：抵扣联 购买方抵扣凭证

凭证 27-2

3700194557 **山东增值税专用发票** No 07661248 3700194557 07661248

发票联

开票日期：2020年12月31日

购买方	名　　称：山东天海有限责任公司 纳税人识别号：91370203765676788N 地 址、电 话：山东省潍坊市文昌区望远路288号0536-2600888 开户行及账号：中国工商银行潍坊望远路支行6222021607024268206			密码区	3635223->-*93+>61<6<6>**580 ++8+508-+6/373>635215>4-<+> 09>>+-*+31/373>/42/93+>623- -*2+2<++5/320+>45+6+*<-0/88		
货物或应税劳务、服务名称	规格型号	单位	数量	单价	金额	税率	税额
*供电*电费		千瓦时	10120	0.80	8096.00	13%	1052.48
合　　计					¥8096.00		¥1052.48
价税合计（大写）	⊗玖仟壹佰肆拾捌元肆角捌分					（小写）¥9148.48	
销售方	名　　称：潍坊市供电公司 纳税人识别号：913706129661666989 地 址、电 话：山东潍坊潍城东风西街425号 0536-8362030 开户行及账号：交通银行潍城区东风西街支行6222021607037738389			备注			

收款人：柳 林　复核：朱晓峰　开票人：于 毓　销售方：（章）

第三联：发票联 购买方记账凭证

凭证 27-3

中国工商银行 网上银行电子回单

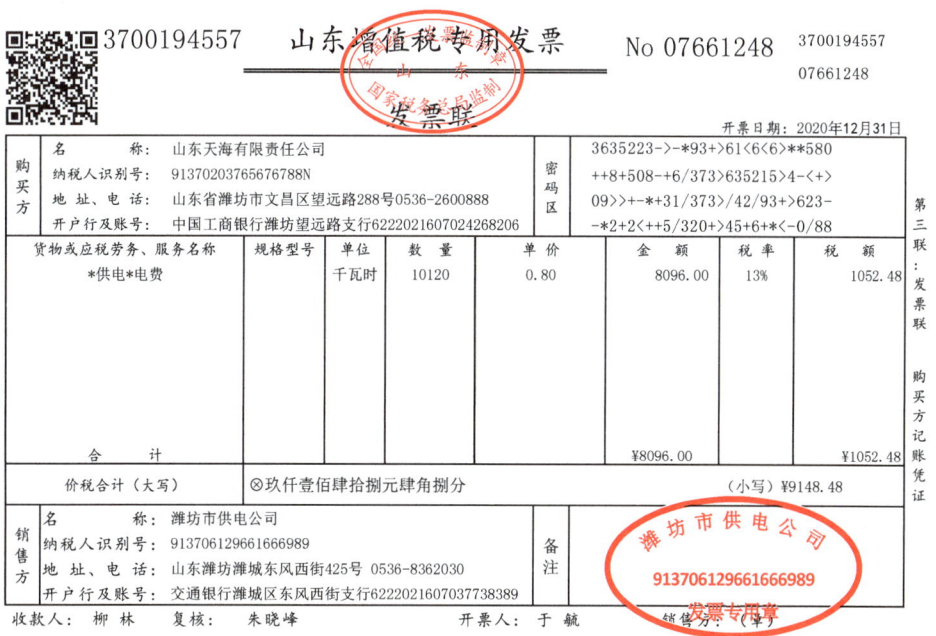

电子回单号码：0005864218577976

付款人	户　名	山东天海有限责任公司	收款人	户　名	潍坊市供电公司
	账　号	6222021607024268206		账　号	6222021607037738389
	开户银行	中国工商银行潍坊望远路支行		开户银行	交行潍城区东风西街支行
金　额		人民币玖仟壹佰肆拾捌元肆角捌分		¥9 148.48	
摘　要		支付电费	业务（产品）种类		
用　途					
交易流水号		00876545	时间戳	2020-12-31-10:25:09　864790	
		备注： 附言：　支付交易序号：　报文种类：　汇兑支付报文 委托日期：　业务种类：　普通汇兑　收款人地址：　付款人地址：			
		验证码：YUDAMMEOUEWOMNSLWE			
记账网点　0021		记账柜员　000999		记账日期　2020-12-31	

打印日期：2020年12月31日

重要提示：

1. 如果您是收款方，请到工行网站www.icbc.com.cn电子回单验证处进行回单验证。
2. 本回单不作为收款方发货依据，并请勿重复记账。
3. 您可以选择发送邮件，将此电子回单发送给指定的接收人。

凭证 27-4

外购电费分配表

2020年12月31日　　　　单位：元

受益对象	耗用量（千瓦时）	分配率	分配金额
生产车间	8 250	0.8	6 600.00
公司管理部门	1 470	0.8	1 176.00
销售部	400	0.8	320.00
合　计	10 120		8 096.00

审核：张宇　　　　制单：于林

凭证 28-1

3700194425　　山东增值税专用发票　　No 07660418　　3700194425 07660418

（全国统一发票监制章 山东 国家税务总局监制）

抵扣联

开票日期：2020年12月31日

购买方		密码区
名　　称：	山东天海有限责任公司	635092->-*93+>61<6<6>--8760
纳税人识别号：	91370203765676788N	--//8+508-+6/373>6354>4-<+>
地 址、电 话：	山东省潍坊市文昌区望远路288号0536-2600888	54>>+-*+31/373>/42/93+>612
开户行及账号：	中国工商银行潍坊望远路支行6222021607024268206	-*2+2<++5/320+>**+6+*<-0/++

货物或应税劳务、服务名称	规格型号	单位	数　量	单　价	金　额	税　率	税　额
*水冰雪*水费		吨	600	4.16	2496.00	9%	224.64
合　　计					¥2496.00		¥224.64
价税合计（大写）	⊗贰仟柒佰贰拾元陆角肆分				（小写）¥2720.64		

销售方		备注
名　　称：	潍坊市自来水公司	（潍坊市自来水公司 913706129661988765 发票专用章）
纳税人识别号：	913706129661988765	
地 址、电 话：	潍坊市潍城区长松路19号 0536-6656089	
开户行及账号：	交通银行潍城区长松路支行6222021607033338876	

收款人：江峰　　复核：陆静怡　　开票人：韩玉玉　　销售方：（章）

第二联：抵扣联 购买方抵扣凭证

凭证 28-2

3700194425 **山东增值税专用发票** No 07660418 3700194425 07660418

发票联

开票日期：2020年12月31日

购买方	名 称：山东天海有限责任公司 纳税人识别号：91370203765676788N 地 址、电 话：山东省潍坊市文昌区望远路288号0536-2600888 开户行及账号：中国工商银行潍坊望远路支行6222021607024268206	密码区	635092->-*93+>61<6<6>--8760 --//8+508-+6/373>6354>4-<+> 54>>+-*+31/373>/42/93+>612 -*2+2<++5/320+>**+6+*<-0/++

货物或应税劳务、服务名称	规格型号	单位	数 量	单 价	金 额	税 率	税 额
*水冰雪*水费		吨	600	4.16	2496.00	9%	224.64
合 计					¥2496.00		¥224.64
价税合计（大写）	⊗贰仟柒佰贰拾元陆角肆分				（小写）¥2720.64		

销售方	名 称：潍坊市自来水公司 纳税人识别号：913706129661988765 地 址、电 话：潍坊市潍城区长松路19号 0536-6656089 开户行及账号：交通银行潍城区长松路支行6222021607033338876	备注	潍坊市自来水公司 913706129661988765 发票专用章

收款人：江 峰 复核：陆静怡 开票人：韩玉玉 销售方：（章）

第三联：发票联 购买方记账凭证

凭证 28-3

中国工商银行 网上银行电子回单

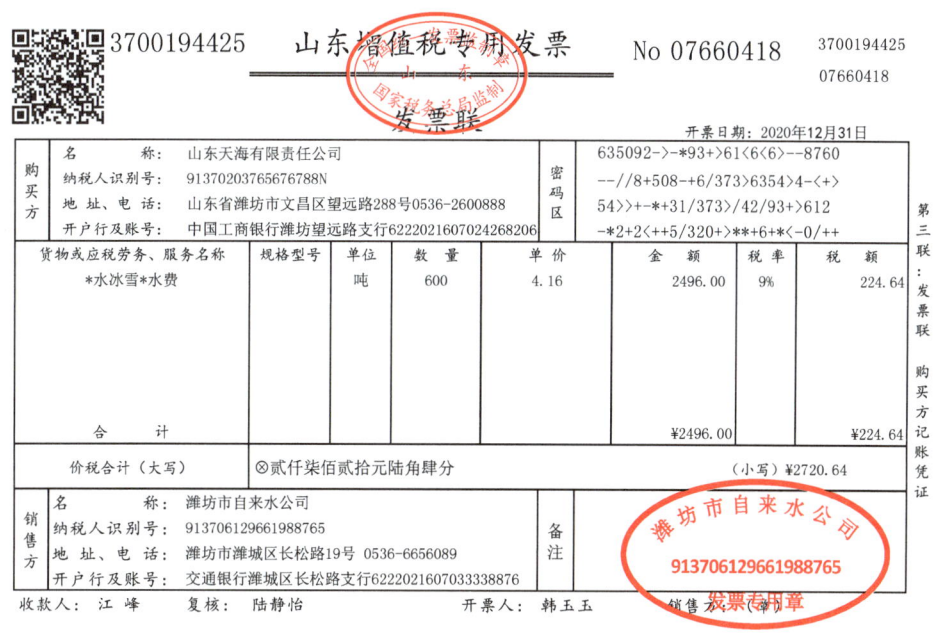

电子回单号码：0005864218577977

付款人	户 名	山东天海有限责任公司	收款人	户 名	潍坊市自来水公司
	账 号	6222021607024268206		账 号	6222021607033338876
	开户银行	中国工商银行潍坊望远路支行		开户银行	交通银行潍城区长松路支行
金 额		人民币贰仟柒佰贰拾元陆角肆分			¥2 720.64
摘 要		支付水费	业务（产品）种类		
用 途					
交易流水号		00876578	时间戳		2020-12-31-16:05:09 864380
中国工商银行 电子回单 专用章		备注：			
		附言： 支付交易序号： 报文种类： 汇兑支付报文			
		委托日期： 业务种类： 普通汇兑 收款人地址： 付款人地址：			
		验证码：YUDAMMEOUEWOMNSLWE			

记账网点 0021 记账柜员 000999 记账日期 2020-12-31

打印日期：2020年12月31日

重要提示：

1. 如果您是收款方，请到工行网站www.icbc.com.cn电子回单验证处进行回单验证。
2. 本回单不作为收款方发货依据，并请勿重复记账。
3. 您可以选择发送邮件，将此电子回单发送给指定的接收人。

凭证 28-4

外购水费分配表

2020年12月31日　　　　单位：元

受益对象	耗用量（吨）	分配率	分配金额
生产车间	378	4.16	1 572.48
公司管理部门	200	4.16	832.00
销售部	22	4.16	91.52
合　计	600		2 496.00

审核：张宇　　　　制单：于林

凭证 29-1

制造费用分配表

2020年12月31日　　　　单位：元

产品名称	分配标准（工时）	分配率	分配金额
1号瓶盖	12 000	3.612 926	43 355.11
2号瓶盖	8 000	3.612 926	28 903.41
合　计	20 000		72 258.52

审核：张宇　　　　制单：于林

凭证 30-1

产品成本计算表

2020年12月31日　　单位：元

产品名称	成本项目	月初在产品成本	本月发生费用	生产费用合计	期末在产品数量	完工产品数量	单位成本	完工产品总成本	月末在产品成本
1号瓶盖	直接材料		992 180.00	992 180.00		1 381 200	0.718	992 180.00	
	直接人工		202 554.00	202 554.00		1 381 200	0.147	202 554.00	
	制造费用		43 355.11	43 355.11		1 381 200	0.031	43 355.11	
	小　计		1 238 089.11	1 238 089.11		1 381 200	0.90	1 238 089.11	
2号瓶盖	直接材料		738 300.00	738 300.00		825 900	0.894	738 300.00	
	直接人工		135 035.52	135 035.52		825 900	0.164	135 035.52	
	制造费用		28 903.41	28 903.41		825 900	0.035	28 903.41	
	小　计		902 238.93	902 238.93		825 900	1.09	902 238.93	
合　计			2 140 328.04	2 140 328.04				2 140 328.04	

审核：张宇　　制单：于林

凭证 30-2

入　　库　　单

2020年12月10日　　单号：CP-0239

交来单位及部门		生产车间		验收入库	成品库	入库日期	20201210
编号	名称	规格	单位	数　量		实际价格	
				交库	实收	单价	金额
PG01	1号瓶盖	14cm	个	563 700	563 700		
PG02	2号瓶盖	16cm	个	689 719	689 719		
合　计							

第三联　记账联

仓库主管：王浩　　会计：于林　　经办人：韩雪雪

凭证 30-3

入 库 单

2020年12月31日 单号：CP-0240

交来单位及部门		生产车间		验收入库	成品库	入库日期	20201231
编号	名称	规格	单位	数量		实际价格	
				交库	实收	单价	金额
PG01	1号瓶盖	14cm	个	817 500	817 500		
PG02	2号瓶盖	16cm	个	136 181	136 181		
合 计							

第三联 记账联

仓库主管：王浩　　会计：于林　　经办人：韩雪雪

凭证 31-1

销售成本计算表

2020年12月31日 单位：元

品 名	期初结存		本月完工		本月销售数量	期末结存数量	单位成本	销售产品成本	期末存货成本
	数量	金额	数量	金额					
1号瓶盖	54 000	48 600.00	1 381 200	1 238 089.11	1 000 000	435 200	0.90	900 000.00	386 689.11
2号瓶盖	78 000	85 800.00	825 900	902 238.93	600 000	303 900	1.09	654 000.00	334 038.93
合 计		134 400.00		2 140 328.04				1554 000.00	720 728.04

审核：张宇　　制单：于林

凭证 31-2

出　　库　　单

2020年12月15日　　单号：CK-0032

提货单位或领货部门		柳州朝阳机械有限公司		销售单号	1098810	发出仓库	成品仓库
编 号	名 称	规 格	单 位	数 量		单 价	金 额
				应发	实发		
PG01	1号瓶盖	14cm	个	150 000	150 000		
PG02	2号瓶盖	16cm	个	600 000	600 000		
合　计							

仓库主管：王 浩　　会计：于 林　　经办人：韩雪雪

凭证 31-3

出　　库　　单

2020年12月31日　　单号：CK-0033

提货单位或领货部门		济南东城机械有限公司		销售单号	1098811	发出仓库	成品仓库
编 号	名 称	规 格	单 位	数 量		单 价	金 额
				应发	实发		
PG01	1号瓶盖	14cm	个	850 000	850 000		
合　计							

仓库主管：王 浩　　会计：于 林　　经办人：韩雪雪

凭证 32-1

中国工商银行(潍坊望远路支行)计付借款利息清单(付款通知)

2020年12月31日

单位名称:山东天海有限责任公司					
结算账号:6222021607024268206			付款账号:6222021607024268206		
编号	计息类型	计息起讫日期	计息积数	利率	利息金额
	借 款	2020.12.01-2021.05.31	2 000 000	0.50%	10 000.00
摘要:利息				金额合计	¥10 000.00
金额合计(大写)壹万元整					

中国工商银行 潍坊望远路支行 2020.12.31 转讫

复核: 记账:

凭证 33-1

库存现金盘点报告表

2020年12月31日 单位:元

票面额	张数	金额	票面额	张数	金额
壹佰元	68	6 800.00	伍 角	10	5.00
伍拾元	15	750.00	贰 角		
贰拾元	30	600.00	壹 角	10	1.00
拾 元	32	320.00	伍 分		
伍 元			壹 分		
壹 元			合 计		¥8 476.00
库存现金日记账账面余额:					
差额:					
盘亏库存现金,原因待查。 处理意见:					

监盘人:张宇 盘点人:于林 出纳:王鑫

凭证 34-1

盘盈盘亏处理报告

公司于 2020 年 12 月 31 日对库存现金进行盘点清查，发现现金短缺人民币贰佰元整（¥200.00），经查系公司出纳王鑫工作失职造成。经公司内部会议讨论决定，由王鑫个人赔偿人民币壹佰元整，其余损失由公司承担。

山东天海有限责任公司

2020 年 12 月 31 日

凭证 35-1

未交增值税计算表

2020年12月31日　　单位:元

项　目	本期进项税额	上期留抵税额	本期销项税额	进项税额转出	本期未交增值税
增值税		0.00			
合　计		0.00			

审核：张宇　　制表：于林

凭证 36-1

应交城市维护建设税和教育费附加计算表

2020年12月31日 单位：元

税 种	计税金额	税 率	应纳税额
城市维护建设税		7%	
教育费附加		3%	
地方教育附加		2%	

审核：张宇 制表：于林

凭证 38-1

应交企业所得税计算表

2020年12月31日

本期利润总额	应纳税所得额	企业所得税税率	应交企业所得税

审核：张宇 制表：于林

凭证 41-1

盈余公积计算表

2020年12月31日 单位：元

项 目	金 额
计提基数	
提取法定盈余公积（10%）	

审核：张宇 制表：于林

公司

实训账簿

<table>
<tr><td rowspan="3">会计档案</td><td colspan="5">自　　年　　月　　日至　　年　　月　　日止</td></tr>
<tr><td colspan="5">册内共　　　　页(张)　　　　保管期限</td></tr>
<tr><td>全宗号</td><td>目录号</td><td></td><td>案卷号</td><td></td></tr>
</table>

20　　年度

项目二　账簿启用及交接表

单位名称		印　　鉴
账簿名称	（第　　册）	
账簿编号		
账簿页数	本账簿共计　　　　页（本账簿页数 检点人盖章　　　　）	
启用日期	公元　　　　年　　　　月　　　　日	

经管人员	负责人		主办会计		复核		记账	
	姓名	盖章	姓名	盖章	姓名	盖章	姓名	盖章

接交记录	经管人员		接管				交出			
	职别	姓名	年	月	日	盖章	年	月	日	盖章

备注	

现金日记账

年		凭证号数	对方科目	摘要	√	收入(借方)金额										付出(贷方)金额										结余金额									
月	日					千	百	十	万	千	百	十	元	角	分	千	百	十	万	千	百	十	元	角	分	千	百	十	万	千	百	十	元	角	分

现金日记账

年		凭证号数	对方科目	摘要	√	收入(借方)金额										付出(贷方)金额										结余金额									
月	日					千	百	十	万	千	百	十	元	角	分	千	百	十	万	千	百	十	元	角	分	千	百	十	万	千	百	十	元	角	分

银行存款日记账

开户行：

账　号：

年		凭证号数	对方科目	摘要	√	收入(借方)金额										付出(贷方)金额										结余金额									
月	日					千	百	十	万	千	百	十	元	角	分	千	百	十	万	千	百	十	元	角	分	千	百	十	万	千	百	十	元	角	分

银行存款日记账

开户行：

账　号：

年		凭证号数	对方科目	摘　　要	√	收入(借方)金额										付出(贷方)金额										结余金额									
月	日					千	百	十	万	千	百	十	元	角	分	千	百	十	万	千	百	十	元	角	分	千	百	十	万	千	百	十	元	角	分

……级科目编号及名称……

……级科目编号及名称……

年		凭证		摘要	对应科目	日页	借方											贷方											借或贷	余额										
月	日	种类	号数				千	百	十	万	千	百	十	元	角	分	√	千	百	十	万	千	百	十	元	角	分	√		千	百	十	万	千	百	十	元	角	分	√

……级科目编号及名称……

……级科目编号及名称……

年		凭证		摘要	对应科目	日页	借方											贷方											借或贷	余额										
月	日	种类	号数				千	百	十	万	千	百	十	元	角	分	√	千	百	十	万	千	百	十	元	角	分	√		千	百	十	万	千	百	十	元	角	分	√

……级科目编号及名称……

……级科目编号及名称……

年		凭证		摘要	对应科目	日	借方											贷方											借或贷	余额										
月	日	种类	号数			页	千	百	十	万	千	百	十	元	角	分	√	千	百	十	万	千	百	十	元	角	分	√		千	百	十	万	千	百	十	元	角	分	√

……级科目编号及名称……

……级科目编号及名称……

年		凭证		摘要	对应科目	日	借方											贷方											借或贷	余额										
月	日	种类	号数			页	千	百	十	万	千	百	十	元	角	分	√	千	百	十	万	千	百	十	元	角	分	√		千	百	十	万	千	百	十	元	角	分	√

……级科目编号及名称……

……级科目编号及名称……

年		凭证		摘要	对应科目	日页	借方											贷方											借或贷	余额										
月	日	种类	号数				千	百	十	万	千	百	十	元	角	分	√	千	百	十	万	千	百	十	元	角	分	√		千	百	十	万	千	百	十	元	角	分	√

……级科目编号及名称……

……级科目编号及名称……

年		凭证		摘要	对应科目	日页	借方											贷方											借或贷	余额										
月	日	种类	号数				千	百	十	万	千	百	十	元	角	分	√	千	百	十	万	千	百	十	元	角	分	√		千	百	十	万	千	百	十	元	角	分	√

……级科目编号及名称……

……级科目编号及名称……

年		凭证		摘要	对应科目	日页	借方											贷方											借或贷	余额										
月	日	种类	号数				千	百	十	万	千	百	十	元	角	分	√	千	百	十	万	千	百	十	元	角	分	√		千	百	十	万	千	百	十	元	角	分	√

……级科目编号及名称……

……级科目编号及名称……

年		凭证		摘要	对应科目	日页	借方											贷方											借或贷	余额										
月	日	种类	号数				千	百	十	万	千	百	十	元	角	分	√	千	百	十	万	千	百	十	元	角	分	√		千	百	十	万	千	百	十	元	角	分	√

明细账

明细科目：

类　　别：　　　　品名：　　　　计量单位：

年		凭证		摘要	借方												贷方												借或贷	余额											
							金额												金额													金额									
月	日	种类	号数		单价	数量	千	百	十	万	千	百	十	元	角	分	单价	数量	千	百	十	万	千	百	十	元	角	分		单价	数量	千	百	十	万	千	百	十	元	角	分

明细账

明细科目：

类　　别：　　　　品名：　　　　计量单位：

年		凭证		摘要	借方												贷方												借或贷	余额											
							金额												金额													金额									
月	日	种类	号数		单价	数量	千	百	十	万	千	百	十	元	角	分	单价	数量	千	百	十	万	千	百	十	元	角	分		单价	数量	千	百	十	万	千	百	十	元	角	分

明细账

明细科目：
类　　别：　　　　品名：　　　　计量单位：

年		凭证		摘要	借方												贷方												借或贷	余额											
月	日	种类	号数		单价	数量	金额										单价	数量	金额											单价	数量	金额									
							千	百	十	万	千	百	十	元	角	分			千	百	十	万	千	百	十	元	角	分				千	百	十	万	千	百	十	元	角	分

明细账

明细科目：

类　　别：　　　　品名：　　　　计量单位：

年		凭证		摘要	借方												贷方												借或贷	余额											
							金额												金额													金额									
月	日	种类	号数		单价	数量	千	百	十	万	千	百	十	元	角	分	单价	数量	千	百	十	万	千	百	十	元	角	分		单价	数量	千	百	十	万	千	百	十	元	角	分

……级科目……………………

……级科目……………………

年		凭证		摘要	（ ）方发生额	明细项目						
月	日	种类	号数		百十万千百十元角分	百十万千百十元角分	百十万千百十元角分	百十万千百十元角分	百十万千百十元角分	百十万千百十元角分	百十万千百十元角分	百十万千百十元角分

级科目

级科目

年		凭证		摘要	(　)方发生额	明细项目						
月	日	种类	号数		百十万千百十元角分	百十万千百十元角分	百十万千百十元角分	百十万千百十元角分	百十万千百十元角分	百十万千百十元角分	百十万千百十元角分	百十万千百十元角分

……级科目……………………

……级科目……………………

年		凭证		摘要	(　)方发生额	明细项目						
月	日	种类	号数		百十万千百十元角分	百十万千百十元角分	百十万千百十元角分	百十万千百十元角分	百十万千百十元角分	百十万千百十元角分	百十万千百十元角分	百十万千百十元角分

级科目

级科目

年		凭证		摘要	( )方发生额	明	细	项	目			
月	日	种类	号数									
					百十万千百十元角分	百十万千百十元角分	百十万千百十元角分	百十万千百十元角分	百十万千百十元角分	百十万千百十元角分	百十万千百十元角分	百十万千百十元角分

………级科目………………

………级科目………………

年		凭证		摘要	(　)方发生额	明	细	项	目			
月	日	种类	号数		百十万千百十元角分	百十万千百十元角分	百十万千百十元角分	百十万千百十元角分	百十万千百十元角分	百十万千百十元角分	百十万千百十元角分	百十万千百十元角分

总分类账

总第______页

年		凭证号数	摘要	对账√	借方											贷方											借或贷	余额										
月	日				亿	千	百	十	万	千	百	十	元	角	分	亿	千	百	十	万	千	百	十	元	角	分		亿	千	百	十	万	千	百	十	元	角	分

总分类账

总第______页

年		凭证号数	摘要	对账√	借方											贷方											借或贷	余额										
月	日				亿	千	百	十	万	千	百	十	元	角	分	亿	千	百	十	万	千	百	十	元	角	分		亿	千	百	十	万	千	百	十	元	角	分

总分类账

总第＿＿＿＿页

年		凭证号数	摘要	对账√	借方											贷方											借或贷	余额										
月	日				亿	千	百	十	万	千	百	十	元	角	分	亿	千	百	十	万	千	百	十	元	角	分		亿	千	百	十	万	千	百	十	元	角	分

总分类账

总第＿＿＿＿页

年		凭证号数	摘要	对账√	借方											贷方											借或贷	余额										
月	日				亿	千	百	十	万	千	百	十	元	角	分	亿	千	百	十	万	千	百	十	元	角	分		亿	千	百	十	万	千	百	十	元	角	分

总分类账

总第______页

年		凭证号数	摘要	对账√	借方											贷方											借或贷	余额										
月	日				亿	千	百	十	万	千	百	十	元	角	分	亿	千	百	十	万	千	百	十	元	角	分		亿	千	百	十	万	千	百	十	元	角	分

总分类账

总第______页

年		凭证号数	摘要	对账√	借方											贷方											借或贷	余额										
月	日				亿	千	百	十	万	千	百	十	元	角	分	亿	千	百	十	万	千	百	十	元	角	分		亿	千	百	十	万	千	百	十	元	角	分

总分类账

总第______页

年		凭证号数	摘要	对账√	借方											贷方											借或贷	余额										
月	日				亿	千	百	十	万	千	百	十	元	角	分	亿	千	百	十	万	千	百	十	元	角	分		亿	千	百	十	万	千	百	十	元	角	分

总分类账

总第______页

年		凭证号数	摘要	对账√	借方											贷方											借或贷	余额										
月	日				亿	千	百	十	万	千	百	十	元	角	分	亿	千	百	十	万	千	百	十	元	角	分		亿	千	百	十	万	千	百	十	元	角	分

总分类账

总第______页

年		凭证号数	摘要	对账√	借方											贷方											借或贷	余额										
月	日				亿	千	百	十	万	千	百	十	元	角	分	亿	千	百	十	万	千	百	十	元	角	分		亿	千	百	十	万	千	百	十	元	角	分

总分类账

总第______页

年		凭证号数	摘要	对账√	借方											贷方											借或贷	余额										
月	日				亿	千	百	十	万	千	百	十	元	角	分	亿	千	百	十	万	千	百	十	元	角	分		亿	千	百	十	万	千	百	十	元	角	分

总分类账

总第______页

年		凭证号数	摘要	对账√	借方											贷方											借或贷	余额										
月	日				亿	千	百	十	万	千	百	十	元	角	分	亿	千	百	十	万	千	百	十	元	角	分		亿	千	百	十	万	千	百	十	元	角	分

总分类账

总第______页

年		凭证号数	摘要	对账√	借方											贷方											借或贷	余额										
月	日				亿	千	百	十	万	千	百	十	元	角	分	亿	千	百	十	万	千	百	十	元	角	分		亿	千	百	十	万	千	百	十	元	角	分

总分类账

总第______页

年		凭证号数	摘要	对账√	借方											贷方											借或贷	余额										
月	日				亿	千	百	十	万	千	百	十	元	角	分	亿	千	百	十	万	千	百	十	元	角	分		亿	千	百	十	万	千	百	十	元	角	分

总分类账

总第______页

年		凭证号数	摘要	对账√	借方											贷方											借或贷	余额										
月	日				亿	千	百	十	万	千	百	十	元	角	分	亿	千	百	十	万	千	百	十	元	角	分		亿	千	百	十	万	千	百	十	元	角	分

总分类账

总第______页

年		凭证号数	摘要	对账√	借方											贷方											借或贷	余额										
月	日				亿	千	百	十	万	千	百	十	元	角	分	亿	千	百	十	万	千	百	十	元	角	分		亿	千	百	十	万	千	百	十	元	角	分

总分类账

总第______页

年		凭证号数	摘要	对账√	借方											贷方											借或贷	余额										
月	日				亿	千	百	十	万	千	百	十	元	角	分	亿	千	百	十	万	千	百	十	元	角	分		亿	千	百	十	万	千	百	十	元	角	分

总分类账

总第______页

年		凭证号数	摘要	对账√	借方											贷方											借或贷	余额										
月	日				亿	千	百	十	万	千	百	十	元	角	分	亿	千	百	十	万	千	百	十	元	角	分		亿	千	百	十	万	千	百	十	元	角	分

总分类账

总第______页

年		凭证号数	摘要	对账√	借方											贷方											借或贷	余额										
月	日				亿	千	百	十	万	千	百	十	元	角	分	亿	千	百	十	万	千	百	十	元	角	分		亿	千	百	十	万	千	百	十	元	角	分

总分类账

总第________页

年		凭证号数	摘要	对账√	借方											贷方											借或贷	余额										
月	日				亿	千	百	十	万	千	百	十	元	角	分	亿	千	百	十	万	千	百	十	元	角	分		亿	千	百	十	万	千	百	十	元	角	分

总分类账

总第________页

年		凭证号数	摘要	对账√	借方											贷方											借或贷	余额										
月	日				亿	千	百	十	万	千	百	十	元	角	分	亿	千	百	十	万	千	百	十	元	角	分		亿	千	百	十	万	千	百	十	元	角	分

总分类账

总第______页

年		凭证号数	摘要	对账√	借方	贷方	借或贷	余额
月	日				亿千百十万千百十元角分	亿千百十万千百十元角分		亿千百十万千百十元角分

总分类账

总第______页

年		凭证号数	摘要	对账√	借方	贷方	借或贷	余额
月	日				亿千百十万千百十元角分	亿千百十万千百十元角分		亿千百十万千百十元角分

总分类账

总第______页

年		凭证号数	摘要	对账√	借方											贷方											借或贷	余额										
月	日				亿	千	百	十	万	千	百	十	元	角	分	亿	千	百	十	万	千	百	十	元	角	分		亿	千	百	十	万	千	百	十	元	角	分

总分类账

总第______页

年		凭证号数	摘要	对账√	借方											贷方											借或贷	余额										
月	日				亿	千	百	十	万	千	百	十	元	角	分	亿	千	百	十	万	千	百	十	元	角	分		亿	千	百	十	万	千	百	十	元	角	分

总分类账

总第______页

年		凭证号数	摘要	对账√	借方											贷方											借或贷	余额										
月	日				亿	千	百	十	万	千	百	十	元	角	分	亿	千	百	十	万	千	百	十	元	角	分		亿	千	百	十	万	千	百	十	元	角	分

总分类账

总第______页

年		凭证号数	摘要	对账√	借方											贷方											借或贷	余额										
月	日				亿	千	百	十	万	千	百	十	元	角	分	亿	千	百	十	万	千	百	十	元	角	分		亿	千	百	十	万	千	百	十	元	角	分

总分类账

总第＿＿＿＿页

年		凭证号数	摘要	对账√	借方											贷方											借或贷	余额										
月	日				亿	千	百	十	万	千	百	十	元	角	分	亿	千	百	十	万	千	百	十	元	角	分		亿	千	百	十	万	千	百	十	元	角	分

总分类账

总第＿＿＿＿页

年		凭证号数	摘要	对账√	借方											贷方											借或贷	余额										
月	日				亿	千	百	十	万	千	百	十	元	角	分	亿	千	百	十	万	千	百	十	元	角	分		亿	千	百	十	万	千	百	十	元	角	分

资产负债表

编制单位：　　　　　　　　　　年　　月　　日　　　　　　　　　　单位:元

资产	行次	期末余额	上年年末余额	负债和所有者权益（或股东权益）	行次	期末余额	上年年末余额
流动资产：				流动负债：			
货币资金	1			短期借款	35		
交易性金融资产	2			交易性金融负债	36		
衍生金融资产	3			衍生金融负债	37		
应收票据	4			应付票据	38		
应收账款	5			应付账款	39		
应收款项融资	6			预收款项	40		
预付款项	7			合同负债	41		
其他应收款	8			应付职工薪酬	42		
存货	9			应交税费	43		
合同资产	10			其他应付款	44		
持有待售资产	11			一年内到期的非流动负债	45		
一年内到期的非流动资产	12			其他流动负债	46		
其他流动资产	13			流动负债合计	47		
流动资产合计	14			非流动负债：			
非流动资产：				长期借款	48		
债权投资	15			应付债券	49		
其他债权投资	16			其中:优先股	50		
长期应收款	17			永续债	51		
长期股权投资	18			长期应付款	52		
其他权益工具投资	19			预计负债	53		
其他非流动金融资产	20			递延收益	54		
投资性房地产	21			递延所得税负债	55		
固定资产	22			其他非流动负债	56		
在建工程	23			非流动负债合计	57		
生产性生物资产	24			负债合计	58		
油气资产	25			所有者权益(或股东权益)：			
使用权资产	26			实收资本(或股本)	59		
无形资产	27			其他权益工具	60		
开发支出	28			其中:优先股	61		
商誉	29			永续债	62		
长期待摊费用	30			资本公积	63		
递延所得税资产	31			减:库存股	64		
其他非流动资产	32			其他综合收益	65		
非流动资产合计	33			专项储备	66		
				盈余公积	67		
				本年利润	68		
				未分配利润	69		
				所有者权益(或股东权益)合计	70		
资产总计	34			负债及所有者权益总计	71		

单位负责人：　　　　　　　　主管会计工作负责人：　　　　　　　　会计机构负责人：

利　润　表

编制单位：　　　　　　　　　　　　年　　月　　　　　　　　　　　　单位：元

项　　目	本期金额	上期金额
一、营业收入		
减：营业成本		
税金及附加		
销售费用		
管理费用		
研发费用		
财务费用		
其中：利息费用		
利息收入		
加：其他收益		
投资收益（损失以"－"号填列）		
其中：对联营企业和合营企业的投资收益		
以摊余成本计量的金融资产终止确认收益（损失以"－"号填列）		
净敞口套期收益（损失以"－"号填列）		
公允价值变动收益（损失以"－"号填列）		
信用减值损失（损失以"－"号填列）		
资产减值损失（损失以"－"号填列）		
资产处置收益（损失以"－"号填列）		
二、营业利润（亏损以"－"号填列）		
加：营业外收入		
减：营业外支出		
三、利润总额（亏损总额以"－"号填列）		
减：所得税费用		
四、净利润（净亏损以"－"号填列）		
（一）持续经营净利润（净亏损以"－"号填列）		
（二）终止经营净利润（净亏损以"－"号填列）		
五、其他综合收益的税后净额		
（一）不能重分类进损益的其他综合收益		
1. 重新计量设定受益计划变动额		
2. 权益法下不能转损益的其他综合收益		
3. 其他权益工具投资公允价值变动		
4. 企业自身信用风险公允价值变动		
（二）将重分类进损益的其他综合收益		
1. 权益法下可转损益的其他综合收益		
2. 其他债权投资公允价值变动		
3. 金融资产重分类计入其他综合收益的金额		
4. 其他债权投资信用减值准备		
5. 现金流量套期储备		
6. 外币财务报表折算差额		
六、综合收益总额		
七、每股收益：		
（一）基本每股收益		
（二）稀释每股收益		

项目三 账簿启用及交接表

<table>
<tr><td>单位名称</td><td></td><td>印鉴</td></tr>
<tr><td>账簿名称</td><td>（第 册）</td><td rowspan="4"></td></tr>
<tr><td>账簿编号</td><td></td></tr>
<tr><td>账簿页数</td><td>本账簿共计 页（本账簿页数
检点人盖章 ）</td></tr>
<tr><td>启用日期</td><td>公元 年 月 日</td></tr>
</table>

<table>
<tr><td rowspan="3">经管人员</td><td colspan="2">负责人</td><td colspan="2">主办会计</td><td colspan="2">复核</td><td colspan="2">记账</td></tr>
<tr><td>姓名</td><td>盖章</td><td>姓名</td><td>盖章</td><td>姓名</td><td>盖章</td><td>姓名</td><td>盖章</td></tr>
<tr><td></td><td></td><td></td><td></td><td></td><td></td><td></td><td></td></tr>
</table>

<table>
<tr><td rowspan="6">接交记录</td><td colspan="2">经管人员</td><td colspan="4">接管</td><td colspan="4">交出</td></tr>
<tr><td>职别</td><td>姓名</td><td>年</td><td>月</td><td>日</td><td>盖章</td><td>年</td><td>月</td><td>日</td><td>盖章</td></tr>
<tr><td></td><td></td><td></td><td></td><td></td><td></td><td></td><td></td><td></td><td></td></tr>
<tr><td></td><td></td><td></td><td></td><td></td><td></td><td></td><td></td><td></td><td></td></tr>
<tr><td></td><td></td><td></td><td></td><td></td><td></td><td></td><td></td><td></td><td></td></tr>
<tr><td></td><td></td><td></td><td></td><td></td><td></td><td></td><td></td><td></td><td></td></tr>
<tr><td>备注</td><td colspan="10"></td></tr>
</table>

现金日记账

年		凭证号数	对方科目	摘要	√	收入(借方)金额										付出(贷方)金额										结余金额									
月	日					千	百	十	万	千	百	十	元	角	分	千	百	十	万	千	百	十	元	角	分	千	百	十	万	千	百	十	元	角	分

银行存款日记账

开户行：……………………

账　号：……………………

年		凭证号数	对方科目	摘　要	√	收入(借方)金额										付出(贷方)金额										结余金额									
月	日					千	百	十	万	千	百	十	元	角	分	千	百	十	万	千	百	十	元	角	分	千	百	十	万	千	百	十	元	角	分

银行存款日记账

开户行：……………………

账　号：……………………

年		凭证号数	对方科目	摘要	√	收入(借方)金额										付出(贷方)金额										结余金额									
月	日					千	百	十	万	千	百	十	元	角	分	千	百	十	万	千	百	十	元	角	分	千	百	十	万	千	百	十	元	角	分

……级科目编号及名称……

……级科目编号及名称……

年		凭证		摘要	对应科目	日	借方											贷方											借或贷	余额										
月	日	种类	号数			页	千	百	十	万	千	百	十	元	角	分	√	千	百	十	万	千	百	十	元	角	分	√		千	百	十	万	千	百	十	元	角	分	√

……级科目编号及名称……

……级科目编号及名称……

年		凭证		摘要	对应科目	日	借方											贷方											借或贷	余额										
月	日	种类	号数			页	千	百	十	万	千	百	十	元	角	分	√	千	百	十	万	千	百	十	元	角	分	√		千	百	十	万	千	百	十	元	角	分	√

……级科目编号及名称……

……级科目编号及名称……

年		凭证		摘要	对应科目	日页	借方											贷方											借或贷	余额										
月	日	种类	号数				千	百	十	万	千	百	十	元	角	分	√	千	百	十	万	千	百	十	元	角	分	√		千	百	十	万	千	百	十	元	角	分	√

……级科目编号及名称……

……级科目编号及名称……

年		凭证		摘要	对应科目	日页	借方											贷方											借或贷	余额										
月	日	种类	号数				千	百	十	万	千	百	十	元	角	分	√	千	百	十	万	千	百	十	元	角	分	√		千	百	十	万	千	百	十	元	角	分	√

……级科目编号及名称……

……级科目编号及名称……

年		凭证		摘要	对应科目	日	借方											贷方											借或贷	余额										
月	日	种类	号数			页	千	百	十	万	千	百	十	元	角	分	√	千	百	十	万	千	百	十	元	角	分	√		千	百	十	万	千	百	十	元	角	分	√

……级科目编号及名称……

……级科目编号及名称……

年		凭证		摘要	对应科目	日	借方											贷方											借或贷	余额										
月	日	种类	号数			页	千	百	十	万	千	百	十	元	角	分	√	千	百	十	万	千	百	十	元	角	分	√		千	百	十	万	千	百	十	元	角	分	√

……级科目编号及名称……

……级科目编号及名称……

年		凭证		摘要	对应科目	日页	借方											贷方											借或贷	余额										
月	日	种类	号数				千	百	十	万	千	百	十	元	角	分	√	千	百	十	万	千	百	十	元	角	分	√		千	百	十	万	千	百	十	元	角	分	√

……级科目编号及名称……

……级科目编号及名称……

年		凭证		摘要	对应科目	日页	借方											贷方											借或贷	余额										
月	日	种类	号数				千	百	十	万	千	百	十	元	角	分	√	千	百	十	万	千	百	十	元	角	分	√		千	百	十	万	千	百	十	元	角	分	√

……级科目编号及名称……

……级科目编号及名称……

年		凭证		摘要	对应科目	日	借方											贷方											借或贷	余额										
月	日	种类	号数			页	千	百	十	万	千	百	十	元	角	分	√	千	百	十	万	千	百	十	元	角	分	√		千	百	十	万	千	百	十	元	角	分	√

……级科目编号及名称……

……级科目编号及名称……

年		凭证		摘要	对应科目	日	借方											贷方											借或贷	余额										
月	日	种类	号数			页	千	百	十	万	千	百	十	元	角	分	√	千	百	十	万	千	百	十	元	角	分	√		千	百	十	万	千	百	十	元	角	分	√

……级科目编号及名称……
……级科目编号及名称……

年		凭证		摘要	对应科目	日页	借方											贷方											借或贷	余额										
月	日	种类	号数				千	百	十	万	千	百	十	元	角	分	√	千	百	十	万	千	百	十	元	角	分	√		千	百	十	万	千	百	十	元	角	分	√

……级科目编号及名称……
……级科目编号及名称……

年		凭证		摘要	对应科目	日页	借方											贷方											借或贷	余额										
月	日	种类	号数				千	百	十	万	千	百	十	元	角	分	√	千	百	十	万	千	百	十	元	角	分	√		千	百	十	万	千	百	十	元	角	分	√

……级科目编号及名称……

……级科目编号及名称……

年		凭证		摘要	对应科目	日	借方											贷方											借或贷	余额										
月	日	种类	号数			页	千	百	十	万	千	百	十	元	角	分	√	千	百	十	万	千	百	十	元	角	分	√		千	百	十	万	千	百	十	元	角	分	√

……级科目编号及名称……

……级科目编号及名称……

年		凭证		摘要	对应科目	日	借方											贷方											借或贷	余额										
月	日	种类	号数			页	千	百	十	万	千	百	十	元	角	分	√	千	百	十	万	千	百	十	元	角	分	√		千	百	十	万	千	百	十	元	角	分	√

……级科目编号及名称……

……级科目编号及名称……

年		凭证		摘要	对应科目	日页	借方											贷方											借或贷	余额										
月	日	种类	号数				千	百	十	万	千	百	十	元	角	分	√	千	百	十	万	千	百	十	元	角	分	√		千	百	十	万	千	百	十	元	角	分	√

……级科目编号及名称……

……级科目编号及名称……

年		凭证		摘要	对应科目	日页	借方											贷方											借或贷	余额										
月	日	种类	号数				千	百	十	万	千	百	十	元	角	分	√	千	百	十	万	千	百	十	元	角	分	√		千	百	十	万	千	百	十	元	角	分	√

…………级科目编号及名称……………………………………

…………级科目编号及名称……………………………………

年		凭证		摘要	对应科目	日页	借方												贷方												借或贷	余额											
月	日	种类	号数				千	百	十	万	千	百	十	元	角	分	√	千	百	十	万	千	百	十	元	角	分	√		千	百	十	万	千	百	十	元	角	分	√

…………级科目编号及名称……………………………………

…………级科目编号及名称……………………………………

年		凭证		摘要	对应科目	日页	借方												贷方												借或贷	余额											
月	日	种类	号数				千	百	十	万	千	百	十	元	角	分	√	千	百	十	万	千	百	十	元	角	分	√		千	百	十	万	千	百	十	元	角	分	√

……级科目编号及名称……
……级科目编号及名称……

年		凭证		摘要	对应科目	日页	借方											贷方											借或贷	余额										
月	日	种类	号数				千	百	十	万	千	百	十	元	角	分	√	千	百	十	万	千	百	十	元	角	分	√		千	百	十	万	千	百	十	元	角	分	√

……级科目编号及名称……
……级科目编号及名称……

年		凭证		摘要	对应科目	日页	借方											贷方											借或贷	余额										
月	日	种类	号数				千	百	十	万	千	百	十	元	角	分	√	千	百	十	万	千	百	十	元	角	分	√		千	百	十	万	千	百	十	元	角	分	√

……级科目编号及名称……

……级科目编号及名称……

年		凭证		摘要	对应科目	日	借方											贷方											借或贷	余额										
月	日	种类	号数			页	千	百	十	万	千	百	十	元	角	分	√	千	百	十	万	千	百	十	元	角	分	√		千	百	十	万	千	百	十	元	角	分	√

……级科目编号及名称……

……级科目编号及名称……

年		凭证		摘要	对应科目	日	借方											贷方											借或贷	余额										
月	日	种类	号数			页	千	百	十	万	千	百	十	元	角	分	√	千	百	十	万	千	百	十	元	角	分	√		千	百	十	万	千	百	十	元	角	分	√

……级科目编号及名称……

……级科目编号及名称……

年		凭证		摘要	对应科目	日页	借方											贷方											借或贷	余额										
月	日	种类	号数				千	百	十	万	千	百	十	元	角	分	√	千	百	十	万	千	百	十	元	角	分	√		千	百	十	万	千	百	十	元	角	分	√

……级科目编号及名称……

……级科目编号及名称……

年		凭证		摘要	对应科目	日页	借方											贷方											借或贷	余额										
月	日	种类	号数				千	百	十	万	千	百	十	元	角	分	√	千	百	十	万	千	百	十	元	角	分	√		千	百	十	万	千	百	十	元	角	分	√

……级科目编号及名称……

……级科目编号及名称……

年		凭证		摘要	对应科目	日	借方											贷方											借或贷	余额										
月	日	种类	号数			页	千	百	十	万	千	百	十	元	角	分	√	千	百	十	万	千	百	十	元	角	分	√		千	百	十	万	千	百	十	元	角	分	√

……级科目编号及名称……

……级科目编号及名称……

年		凭证		摘要	对应科目	日	借方											贷方											借或贷	余额										
月	日	种类	号数			页	千	百	十	万	千	百	十	元	角	分	√	千	百	十	万	千	百	十	元	角	分	√		千	百	十	万	千	百	十	元	角	分	√

……级科目编号及名称……

……级科目编号及名称……

年		凭证		摘要	对应科目	日	借方											贷方											借或贷	余额										
月	日	种类	号数			页	千	百	十	万	千	百	十	元	角	分	√	千	百	十	万	千	百	十	元	角	分	√		千	百	十	万	千	百	十	元	角	分	√

……级科目编号及名称……

……级科目编号及名称……

年		凭证		摘要	对应科目	日	借方											贷方											借或贷	余额										
月	日	种类	号数			页	千	百	十	万	千	百	十	元	角	分	√	千	百	十	万	千	百	十	元	角	分	√		千	百	十	万	千	百	十	元	角	分	√

……级科目编号及名称……

……级科目编号及名称……

年		凭证		摘要	对应科目	日页	借方											贷方											借或贷	余额										
月	日	种类	号数				千	百	十	万	千	百	十	元	角	分	√	千	百	十	万	千	百	十	元	角	分	√		千	百	十	万	千	百	十	元	角	分	√

……级科目编号及名称……

……级科目编号及名称……

年		凭证		摘要	对应科目	日页	借方											贷方											借或贷	余额										
月	日	种类	号数				千	百	十	万	千	百	十	元	角	分	√	千	百	十	万	千	百	十	元	角	分	√		千	百	十	万	千	百	十	元	角	分	√

……级科目编号及名称……

……级科目编号及名称……

年		凭证		摘要	对应科目	日页	借方											贷方											借或贷	余额										
月	日	种类	号数				千	百	十	万	千	百	十	元	角	分	√	千	百	十	万	千	百	十	元	角	分	√		千	百	十	万	千	百	十	元	角	分	√

……级科目编号及名称……

……级科目编号及名称……

年		凭证		摘要	对应科目	日页	借方											贷方											借或贷	余额										
月	日	种类	号数				千	百	十	万	千	百	十	元	角	分	√	千	百	十	万	千	百	十	元	角	分	√		千	百	十	万	千	百	十	元	角	分	√

.........级科目编号及名称.........

.........级科目编号及名称.........

年		凭证		摘要	对应科目	日页	借方											贷方											借或贷	余额										
月	日	种类	号数				千	百	十	万	千	百	十	元	角	分	√	千	百	十	万	千	百	十	元	角	分	√		千	百	十	万	千	百	十	元	角	分	√

.........级科目编号及名称.........

.........级科目编号及名称.........

年		凭证		摘要	对应科目	日页	借方											贷方											借或贷	余额										
月	日	种类	号数				千	百	十	万	千	百	十	元	角	分	√	千	百	十	万	千	百	十	元	角	分	√		千	百	十	万	千	百	十	元	角	分	√

……级科目编号及名称……

……级科目编号及名称……

年		凭证		摘要	对应科目	日	借方											贷方											借或贷	余额										
月	日	种类	号数			页	千	百	十	万	千	百	十	元	角	分	√	千	百	十	万	千	百	十	元	角	分	√		千	百	十	万	千	百	十	元	角	分	√

……级科目编号及名称……

……级科目编号及名称……

年		凭证		摘要	对应科目	日	借方											贷方											借或贷	余额										
月	日	种类	号数			页	千	百	十	万	千	百	十	元	角	分	√	千	百	十	万	千	百	十	元	角	分	√		千	百	十	万	千	百	十	元	角	分	√

……级科目编号及名称……

……级科目编号及名称……

年		凭证		摘要	对应科目	日页	借方											贷方											借或贷	余额										
月	日	种类	号数				千	百	十	万	千	百	十	元	角	分	√	千	百	十	万	千	百	十	元	角	分	√		千	百	十	万	千	百	十	元	角	分	√

……级科目编号及名称……

……级科目编号及名称……

年		凭证		摘要	对应科目	日页	借方											贷方											借或贷	余额										
月	日	种类	号数				千	百	十	万	千	百	十	元	角	分	√	千	百	十	万	千	百	十	元	角	分	√		千	百	十	万	千	百	十	元	角	分	√

……级科目编号及名称……

……级科目编号及名称……

年		凭证		摘要	对应科目	日页	借方											贷方											借或贷	余额										
月	日	种类	号数				千	百	十	万	千	百	十	元	角	分	√	千	百	十	万	千	百	十	元	角	分	√		千	百	十	万	千	百	十	元	角	分	√

……级科目编号及名称……

……级科目编号及名称……

年		凭证		摘要	对应科目	日页	借方											贷方											借或贷	余额										
月	日	种类	号数				千	百	十	万	千	百	十	元	角	分	√	千	百	十	万	千	百	十	元	角	分	√		千	百	十	万	千	百	十	元	角	分	√

……级科目编号及名称……

……级科目编号及名称……

年		凭证		摘要	对应科目	日页	借方											贷方											借或贷	余额										
月	日	种类	号数				千	百	十	万	千	百	十	元	角	分	√	千	百	十	万	千	百	十	元	角	分	√		千	百	十	万	千	百	十	元	角	分	√

……级科目编号及名称……

……级科目编号及名称……

年		凭证		摘要	对应科目	日页	借方											贷方											借或贷	余额										
月	日	种类	号数				千	百	十	万	千	百	十	元	角	分	√	千	百	十	万	千	百	十	元	角	分	√		千	百	十	万	千	百	十	元	角	分	√

……级科目编号及名称……

……级科目编号及名称……

年		凭证		摘要	对应科目	日页	借方											贷方											借或贷	余额										
月	日	种类	号数				千	百	十	万	千	百	十	元	角	分	√	千	百	十	万	千	百	十	元	角	分	√		千	百	十	万	千	百	十	元	角	分	√

……级科目编号及名称……

……级科目编号及名称……

年		凭证		摘要	对应科目	日页	借方											贷方											借或贷	余额										
月	日	种类	号数				千	百	十	万	千	百	十	元	角	分	√	千	百	十	万	千	百	十	元	角	分	√		千	百	十	万	千	百	十	元	角	分	√

……级科目编号及名称……

……级科目编号及名称……

年		凭证		摘要	对应科目	日	借方											贷方											借或贷	余额										
月	日	种类	号数			页	千	百	十	万	千	百	十	元	角	分	√	千	百	十	万	千	百	十	元	角	分	√		千	百	十	万	千	百	十	元	角	分	√

……级科目编号及名称……

……级科目编号及名称……

年		凭证		摘要	对应科目	日	借方											贷方											借或贷	余额										
月	日	种类	号数			页	千	百	十	万	千	百	十	元	角	分	√	千	百	十	万	千	百	十	元	角	分	√		千	百	十	万	千	百	十	元	角	分	√

……级科目编号及名称……

……级科目编号及名称……

年		凭证		摘要	对应科目	日	借方											贷方											借或贷	余额										
月	日	种类	号数			页	千	百	十	万	千	百	十	元	角	分	√	千	百	十	万	千	百	十	元	角	分	√		千	百	十	万	千	百	十	元	角	分	√

……级科目编号及名称……

……级科目编号及名称……

年		凭证		摘要	对应科目	日	借方											贷方											借或贷	余额										
月	日	种类	号数			页	千	百	十	万	千	百	十	元	角	分	√	千	百	十	万	千	百	十	元	角	分	√		千	百	十	万	千	百	十	元	角	分	√

……级科目编号及名称……

……级科目编号及名称……

年		凭证		摘要	对应科目	日	借方											贷方											借或贷	余额										
月	日	种类	号数			页	千	百	十	万	千	百	十	元	角	分	√	千	百	十	万	千	百	十	元	角	分	√		千	百	十	万	千	百	十	元	角	分	√

……级科目编号及名称……

……级科目编号及名称……

年		凭证		摘要	对应科目	日	借方											贷方											借或贷	余额										
月	日	种类	号数			页	千	百	十	万	千	百	十	元	角	分	√	千	百	十	万	千	百	十	元	角	分	√		千	百	十	万	千	百	十	元	角	分	√

……级科目编号及名称……

……级科目编号及名称……

年		凭证		摘要	对应科目	日	借方											贷方											借或贷	余额										
月	日	种类	号数			页	千	百	十	万	千	百	十	元	角	分	√	千	百	十	万	千	百	十	元	角	分	√		千	百	十	万	千	百	十	元	角	分	√

……级科目编号及名称……

……级科目编号及名称……

年		凭证		摘要	对应科目	日	借方											贷方											借或贷	余额										
月	日	种类	号数			页	千	百	十	万	千	百	十	元	角	分	√	千	百	十	万	千	百	十	元	角	分	√		千	百	十	万	千	百	十	元	角	分	√

……级科目编号及名称……

……级科目编号及名称……

年		凭证		摘要	对应科目	日页	借方											贷方											借或贷	余额										
月	日	种类	号数				千	百	十	万	千	百	十	元	角	分	√	千	百	十	万	千	百	十	元	角	分	√		千	百	十	万	千	百	十	元	角	分	√

……级科目编号及名称……

……级科目编号及名称……

年		凭证		摘要	对应科目	日页	借方											贷方											借或贷	余额										
月	日	种类	号数				千	百	十	万	千	百	十	元	角	分	√	千	百	十	万	千	百	十	元	角	分	√		千	百	十	万	千	百	十	元	角	分	√

…………级科目编号及名称……………………………………

…………级科目编号及名称……………………………………

年		凭证		摘要	对应科目	日	借方											贷方											借或贷	余额										
月	日	种类	号数			页	千	百	十	万	千	百	十	元	角	分	√	千	百	十	万	千	百	十	元	角	分	√		千	百	十	万	千	百	十	元	角	分	√

…………级科目编号及名称……………………………………

…………级科目编号及名称……………………………………

年		凭证		摘要	对应科目	日	借方											贷方											借或贷	余额										
月	日	种类	号数			页	千	百	十	万	千	百	十	元	角	分	√	千	百	十	万	千	百	十	元	角	分	√		千	百	十	万	千	百	十	元	角	分	√

……级科目编号及名称……

……级科目编号及名称……

年		凭证		摘要	对应科目	日页	借方											贷方											借或贷	余额										
月	日	种类	号数				千	百	十	万	千	百	十	元	角	分	√	千	百	十	万	千	百	十	元	角	分	√		千	百	十	万	千	百	十	元	角	分	√

……级科目编号及名称……

……级科目编号及名称……

年		凭证		摘要	对应科目	日页	借方											贷方											借或贷	余额										
月	日	种类	号数				千	百	十	万	千	百	十	元	角	分	√	千	百	十	万	千	百	十	元	角	分	√		千	百	十	万	千	百	十	元	角	分	√

……级科目编号及名称……

……级科目编号及名称……

年		凭证		摘要	对应科目	日页	借方											贷方											借或贷	余额										
月	日	种类	号数				千	百	十	万	千	百	十	元	角	分	√	千	百	十	万	千	百	十	元	角	分	√		千	百	十	万	千	百	十	元	角	分	√

……级科目编号及名称……

……级科目编号及名称……

年		凭证		摘要	对应科目	日页	借方											贷方											借或贷	余额										
月	日	种类	号数				千	百	十	万	千	百	十	元	角	分	√	千	百	十	万	千	百	十	元	角	分	√		千	百	十	万	千	百	十	元	角	分	√

……级科目编号及名称……

……级科目编号及名称……

年		凭证		摘要	对应科目	日页	借方											贷方											借或贷	余额										
月	日	种类	号数				千	百	十	万	千	百	十	元	角	分	√	千	百	十	万	千	百	十	元	角	分	√		千	百	十	万	千	百	十	元	角	分	√

……级科目编号及名称……

……级科目编号及名称……

年		凭证		摘要	对应科目	日页	借方											贷方											借或贷	余额										
月	日	种类	号数				千	百	十	万	千	百	十	元	角	分	√	千	百	十	万	千	百	十	元	角	分	√		千	百	十	万	千	百	十	元	角	分	√

……级科目编号及名称……

……级科目编号及名称……

年		凭证		摘要	对应科目	日	借方											贷方											借或贷	余额										
月	日	种类	号数			页	千	百	十	万	千	百	十	元	角	分	√	千	百	十	万	千	百	十	元	角	分	√		千	百	十	万	千	百	十	元	角	分	√

……级科目编号及名称……

……级科目编号及名称……

年		凭证		摘要	对应科目	日	借方											贷方											借或贷	余额										
月	日	种类	号数			页	千	百	十	万	千	百	十	元	角	分	√	千	百	十	万	千	百	十	元	角	分	√		千	百	十	万	千	百	十	元	角	分	√

……级科目编号及名称……

……级科目编号及名称……

年		凭证		摘要	对应科目	日页	借方											贷方											借或贷	余额										
月	日	种类	号数				千	百	十	万	千	百	十	元	角	分	√	千	百	十	万	千	百	十	元	角	分	√		千	百	十	万	千	百	十	元	角	分	√

……级科目编号及名称……

……级科目编号及名称……

年		凭证		摘要	对应科目	日页	借方											贷方											借或贷	余额										
月	日	种类	号数				千	百	十	万	千	百	十	元	角	分	√	千	百	十	万	千	百	十	元	角	分	√		千	百	十	万	千	百	十	元	角	分	√

……级科目编号及名称……

……级科目编号及名称……

年		凭证		摘要	对应科目	日页	借方											贷方											借或贷	余额										
月	日	种类	号数				千	百	十	万	千	百	十	元	角	分	√	千	百	十	万	千	百	十	元	角	分	√		千	百	十	万	千	百	十	元	角	分	√

……级科目编号及名称……

……级科目编号及名称……

年		凭证		摘要	对应科目	日页	借方											贷方											借或贷	余额										
月	日	种类	号数				千	百	十	万	千	百	十	元	角	分	√	千	百	十	万	千	百	十	元	角	分	√		千	百	十	万	千	百	十	元	角	分	√

……级科目编号及名称……

……级科目编号及名称……

年		凭证		摘要	对应科目	日页	借方											贷方											借或贷	余额										
月	日	种类	号数				千	百	十	万	千	百	十	元	角	分	√	千	百	十	万	千	百	十	元	角	分	√		千	百	十	万	千	百	十	元	角	分	√

……级科目编号及名称……

……级科目编号及名称……

年		凭证		摘要	对应科目	日页	借方											贷方											借或贷	余额										
月	日	种类	号数				千	百	十	万	千	百	十	元	角	分	√	千	百	十	万	千	百	十	元	角	分	√		千	百	十	万	千	百	十	元	角	分	√

…………级科目编号及名称……………………………………

…………级科目编号及名称……………………………………

年		凭证		摘要	对应科目	日	借方											贷方											借或贷	余额										
月	日	种类	号数			页	千	百	十	万	千	百	十	元	角	分	√	千	百	十	万	千	百	十	元	角	分	√		千	百	十	万	千	百	十	元	角	分	√

…………级科目编号及名称……………………………………

…………级科目编号及名称……………………………………

年		凭证		摘要	对应科目	日	借方											贷方											借或贷	余额										
月	日	种类	号数			页	千	百	十	万	千	百	十	元	角	分	√	千	百	十	万	千	百	十	元	角	分	√		千	百	十	万	千	百	十	元	角	分	√

级科目编号及名称

级科目编号及名称

年		凭证		摘要	对应科目	日页	借方											贷方											借或贷	余额										
月	日	种类	号数				千	百	十	万	千	百	十	元	角	分	√	千	百	十	万	千	百	十	元	角	分	√		千	百	十	万	千	百	十	元	角	分	√

级科目编号及名称

级科目编号及名称

年		凭证		摘要	对应科目	日页	借方											贷方											借或贷	余额										
月	日	种类	号数				千	百	十	万	千	百	十	元	角	分	√	千	百	十	万	千	百	十	元	角	分	√		千	百	十	万	千	百	十	元	角	分	√

……级科目编号及名称……

……级科目编号及名称……

年		凭证		摘要	对应科目	日	借方											贷方											借或贷	余额										
月	日	种类	号数			页	千	百	十	万	千	百	十	元	角	分	√	千	百	十	万	千	百	十	元	角	分	√		千	百	十	万	千	百	十	元	角	分	√

……级科目编号及名称……

……级科目编号及名称……

年		凭证		摘要	对应科目	日	借方											贷方											借或贷	余额										
月	日	种类	号数			页	千	百	十	万	千	百	十	元	角	分	√	千	百	十	万	千	百	十	元	角	分	√		千	百	十	万	千	百	十	元	角	分	√

……级科目编号及名称……

……级科目编号及名称……

年		凭证		摘要	对应科目	日页	借方											贷方											借或贷	余额										
月	日	种类	号数				千	百	十	万	千	百	十	元	角	分	√	千	百	十	万	千	百	十	元	角	分	√		千	百	十	万	千	百	十	元	角	分	√

……级科目编号及名称……

……级科目编号及名称……

年		凭证		摘要	对应科目	日页	借方											贷方											借或贷	余额										
月	日	种类	号数				千	百	十	万	千	百	十	元	角	分	√	千	百	十	万	千	百	十	元	角	分	√		千	百	十	万	千	百	十	元	角	分	√

……级科目编号及名称……

……级科目编号及名称……

年		凭证		摘要	对应科目	日页	借方											贷方											借或贷	余额										
月	日	种类	号数				千	百	十	万	千	百	十	元	角	分	√	千	百	十	万	千	百	十	元	角	分	√		千	百	十	万	千	百	十	元	角	分	√

……级科目编号及名称……

……级科目编号及名称……

年		凭证		摘要	对应科目	日页	借方											贷方											借或贷	余额										
月	日	种类	号数				千	百	十	万	千	百	十	元	角	分	√	千	百	十	万	千	百	十	元	角	分	√		千	百	十	万	千	百	十	元	角	分	√

……级科目编号及名称……

……级科目编号及名称……

年		凭证		摘要	对应科目	日页	借方											贷方											借或贷	余额										
月	日	种类	号数				千	百	十	万	千	百	十	元	角	分	√	千	百	十	万	千	百	十	元	角	分	√		千	百	十	万	千	百	十	元	角	分	√

……级科目编号及名称……

……级科目编号及名称……

年		凭证		摘要	对应科目	日页	借方											贷方											借或贷	余额										
月	日	种类	号数				千	百	十	万	千	百	十	元	角	分	√	千	百	十	万	千	百	十	元	角	分	√		千	百	十	万	千	百	十	元	角	分	√

……级科目编号及名称……

……级科目编号及名称……

年		凭证		摘要	对应科目	日页	借方											贷方											借或贷	余额										
月	日	种类	号数				千	百	十	万	千	百	十	元	角	分	√	千	百	十	万	千	百	十	元	角	分	√		千	百	十	万	千	百	十	元	角	分	√

……级科目编号及名称……

……级科目编号及名称……

年		凭证		摘要	对应科目	日页	借方											贷方											借或贷	余额										
月	日	种类	号数				千	百	十	万	千	百	十	元	角	分	√	千	百	十	万	千	百	十	元	角	分	√		千	百	十	万	千	百	十	元	角	分	√

……级科目编号及名称……

……级科目编号及名称……

年		凭证		摘要	对应科目	日页	借方											贷方											借或贷	余额										
月	日	种类	号数				千	百	十	万	千	百	十	元	角	分	√	千	百	十	万	千	百	十	元	角	分	√		千	百	十	万	千	百	十	元	角	分	√

……级科目编号及名称……

……级科目编号及名称……

年		凭证		摘要	对应科目	日页	借方											贷方											借或贷	余额										
月	日	种类	号数				千	百	十	万	千	百	十	元	角	分	√	千	百	十	万	千	百	十	元	角	分	√		千	百	十	万	千	百	十	元	角	分	√

……级科目编号及名称……

……级科目编号及名称……

年		凭证		摘要	对应科目	日页	借方											贷方											借或贷	余额										
月	日	种类	号数				千	百	十	万	千	百	十	元	角	分	√	千	百	十	万	千	百	十	元	角	分	√		千	百	十	万	千	百	十	元	角	分	√

……级科目编号及名称……

……级科目编号及名称……

年		凭证		摘要	对应科目	日页	借方											贷方											借或贷	余额										
月	日	种类	号数				千	百	十	万	千	百	十	元	角	分	√	千	百	十	万	千	百	十	元	角	分	√		千	百	十	万	千	百	十	元	角	分	√

……级科目编号及名称……

……级科目编号及名称……

年		凭证		摘要	对应科目	日页	借方											贷方											借或贷	余额										
月	日	种类	号数				千	百	十	万	千	百	十	元	角	分	√	千	百	十	万	千	百	十	元	角	分	√		千	百	十	万	千	百	十	元	角	分	√

……级科目编号及名称……

……级科目编号及名称……

年		凭证		摘要	对应科目	日页	借方											贷方											借或贷	余额										
月	日	种类	号数				千	百	十	万	千	百	十	元	角	分	√	千	百	十	万	千	百	十	元	角	分	√		千	百	十	万	千	百	十	元	角	分	√

____

……级科目编号及名称……

……级科目编号及名称……

年		凭证		摘要	对应科目	日	借方											贷方											借或贷	余额										
月	日	种类	号数			页	千	百	十	万	千	百	十	元	角	分	√	千	百	十	万	千	百	十	元	角	分	√		千	百	十	万	千	百	十	元	角	分	√

____

……级科目编号及名称……

……级科目编号及名称……

年		凭证		摘要	对应科目	日	借方											贷方											借或贷	余额										
月	日	种类	号数			页	千	百	十	万	千	百	十	元	角	分	√	千	百	十	万	千	百	十	元	角	分	√		千	百	十	万	千	百	十	元	角	分	√

……级科目编号及名称……

……级科目编号及名称……

年		凭证		摘要	对应科目	日页	借方											贷方											借或贷	余额										
月	日	种类	号数				千	百	十	万	千	百	十	元	角	分	√	千	百	十	万	千	百	十	元	角	分	√		千	百	十	万	千	百	十	元	角	分	√

……级科目编号及名称……

……级科目编号及名称……

年		凭证		摘要	对应科目	日页	借方											贷方											借或贷	余额										
月	日	种类	号数				千	百	十	万	千	百	十	元	角	分	√	千	百	十	万	千	百	十	元	角	分	√		千	百	十	万	千	百	十	元	角	分	√

……级科目编号及名称……
……级科目编号及名称……

年		凭证		摘要	对应科目	日页	借方											贷方											借或贷	余额										
月	日	种类	号数				千	百	十	万	千	百	十	元	角	分	√	千	百	十	万	千	百	十	元	角	分	√		千	百	十	万	千	百	十	元	角	分	√

……级科目编号及名称……
……级科目编号及名称……

年		凭证		摘要	对应科目	日页	借方											贷方											借或贷	余额										
月	日	种类	号数				千	百	十	万	千	百	十	元	角	分	√	千	百	十	万	千	百	十	元	角	分	√		千	百	十	万	千	百	十	元	角	分	√

…………级科目编号及名称……………………………………

…………级科目编号及名称……………………………………

年		凭证		摘要	对应科目	日	借方												贷方												借或贷	余额											
月	日	种类	号数			页	千	百	十	万	千	百	十	元	角	分	√	千	百	十	万	千	百	十	元	角	分	√		千	百	十	万	千	百	十	元	角	分	√

…………级科目编号及名称……………………………………

…………级科目编号及名称……………………………………

年		凭证		摘要	对应科目	日	借方												贷方												借或贷	余额											
月	日	种类	号数			页	千	百	十	万	千	百	十	元	角	分	√	千	百	十	万	千	百	十	元	角	分	√		千	百	十	万	千	百	十	元	角	分	√

……级科目编号及名称……

……级科目编号及名称……

年		凭证		摘要	对应科目	日页	借方											贷方											借或贷	余额										
月	日	种类	号数				千	百	十	万	千	百	十	元	角	分	√	千	百	十	万	千	百	十	元	角	分	√		千	百	十	万	千	百	十	元	角	分	√

……级科目编号及名称……

……级科目编号及名称……

年		凭证		摘要	对应科目	日页	借方											贷方											借或贷	余额										
月	日	种类	号数				千	百	十	万	千	百	十	元	角	分	√	千	百	十	万	千	百	十	元	角	分	√		千	百	十	万	千	百	十	元	角	分	√

明细账

明细科目：

类　　别：　　　　品名：　　　　计量单位：

年		凭证		摘要	借方												贷方												借或贷	余额											
月	日	种类	号数		单价	数量	金额										单价	数量	金额											单价	数量	金额									
							千	百	十	万	千	百	十	元	角	分			千	百	十	万	千	百	十	元	角	分				千	百	十	万	千	百	十	元	角	分

明细账

明细科目：……………………

类　　别：……………………　　品名：……………………　　计量单位：……………………

年		凭证		摘要	借方												贷方												借或贷	余额											
月	日	种类	号数		单价	数量	金额										单价	数量	金额											单价	数量	金额									
							千	百	十	万	千	百	十	元	角	分			千	百	十	万	千	百	十	元	角	分				千	百	十	万	千	百	十	元	角	分

明细账

明细科目：……………………

类　　别：……………………　品名：……………………　计量单位：……………………

年		凭证		摘要	借方												贷方												借或贷	余额											
月	日	种类	号数		单价	数量	金额										单价	数量	金额											单价	数量	金额									
							千	百	十	万	千	百	十	元	角	分			千	百	十	万	千	百	十	元	角	分				千	百	十	万	千	百	十	元	角	分

明细账

明细科目：……………………

类　　别：……………………　　品名：……………………　　计量单位：……………………

年		凭证		摘要	借方												贷方												借或贷	余额											
月	日	种类	号数		单价	数量	金额										单价	数量	金额											单价	数量	金额									
							千	百	十	万	千	百	十	元	角	分			千	百	十	万	千	百	十	元	角	分				千	百	十	万	千	百	十	元	角	分

明细账

明细科目：

类　　别：　　　　品名：　　　　计量单位：

年		凭证		摘要	借方												贷方												借或贷	余额											
月	日	种类	号数		单价	数量	金额										单价	数量	金额											单价	数量	金额									
							千	百	十	万	千	百	十	元	角	分			千	百	十	万	千	百	十	元	角	分				千	百	十	万	千	百	十	元	角	分

明细账

明细科目：……………………

类　　别：…………………… 品名：…………………… 计量单位：……………………

年		凭证		摘要	借方												贷方												借或贷	余额											
							金额												金额													金额									
月	日	种类	号数		单价	数量	千	百	十	万	千	百	十	元	角	分	单价	数量	千	百	十	万	千	百	十	元	角	分		单价	数量	千	百	十	万	千	百	十	元	角	分

明细账

明细科目：……………………

类　　别：……………………　　品名：……………………　　计量单位：……………………

年		凭证		摘要	借方												贷方												借或贷	余额											
月	日	种类	号数		单价	数量	金额										单价	数量	金额											单价	数量	金额									
							千	百	十	万	千	百	十	元	角	分			千	百	十	万	千	百	十	元	角	分				千	百	十	万	千	百	十	元	角	分

明细账

明细科目：……………………

类　　别：…………………… 品名：…………………… 计量单位：……………………

年		凭证		摘要	借方												贷方												借或贷	余额											
月	日	种类	号数		单价	数量	金额										单价	数量	金额											单价	数量	金额									
							千	百	十	万	千	百	十	元	角	分			千	百	十	万	千	百	十	元	角	分				千	百	十	万	千	百	十	元	角	分

明细账

明细科目：

类　　别：　　　　品名：　　　　计量单位：

年		凭证		摘要	借方												贷方												借或贷	余额											
							金额												金额													金额									
月	日	种类	号数		单价	数量	千	百	十	万	千	百	十	元	角	分	单价	数量	千	百	十	万	千	百	十	元	角	分		单价	数量	千	百	十	万	千	百	十	元	角	分

明细账

明细科目：

类　　别：　　　　品名：　　　　计量单位：

年		凭证		摘要	借方												贷方												借或贷	余额											
月	日	种类	号数		单价	数量	金额										单价	数量	金额											单价	数量	金额									
							千	百	十	万	千	百	十	元	角	分			千	百	十	万	千	百	十	元	角	分				千	百	十	万	千	百	十	元	角	分

级科目

级科目

年		凭证		摘要	( )方发生额	明细项目					
月	日	种类	号数		百十万千百十元角分	百十万千百十元角分	百十万千百十元角分	百十万千百十元角分	百十万千百十元角分	百十万千百十元角分	百十万千百十元角分

……级科目……

……级科目……

年		凭证		摘要	（　）方发生额	明	细	项	目			
月	日	种类	号数		百十万千百十元角分	百十万千百十元角分	百十万千百十元角分	百十万千百十元角分	百十万千百十元角分	百十万千百十元角分	百十万千百十元角分	百十万千百十元角分

……级科目……

……级科目……

年		凭证		摘要	( )方发生额	明细项目					
月	日	种类	号数		百十万千百十元角分	百十万千百十元角分	百十万千百十元角分	百十万千百十元角分	百十万千百十元角分	百十万千百十元角分	百十万千百十元角分

……级科目……

……级科目……

年		凭证		摘要	( )方发生额	明细项目					
月	日	种类	号数		百十万千百十元角分	百十万千百十元角分	百十万千百十元角分	百十万千百十元角分	百十万千百十元角分	百十万千百十元角分	百十万千百十元角分

……级科目……

……级科目……

年		凭证		摘要	(　)方发生额	明细项目						
月	日	种类	号数		百十万千百十元角分	百十万千百十元角分	百十万千百十元角分	百十万千百十元角分	百十万千百十元角分	百十万千百十元角分	百十万千百十元角分	百十万千百十元角分

……级科目……

……级科目……

年		凭证		摘要	(　)方发生额	明细项目						
月	日	种类	号数		百十万千百十元角分	百十万千百十元角分	百十万千百十元角分	百十万千百十元角分	百十万千百十元角分	百十万千百十元角分	百十万千百十元角分	百十万千百十元角分

级科目

级科目

年		凭证		摘要	( )方发生额	明细项目						
月	日	种类	号数		百十万千百十元角分	百十万千百十元角分	百十万千百十元角分	百十万千百十元角分	百十万千百十元角分	百十万千百十元角分	百十万千百十元角分	百十万千百十元角分

……级科目……

……级科目……

年		凭证		摘要	( )方发生额	明细项目						
月	日	种类	号数		百十万千百十元角分	百十万千百十元角分	百十万千百十元角分	百十万千百十元角分	百十万千百十元角分	百十万千百十元角分	百十万千百十元角分	百十万千百十元角分

……级科目……

……级科目……

年		凭证		摘要	（ ）方发生额	明	细	项	目			
月	日	种类	号数		百十万千百十元角分	百十万千百十元角分	百十万千百十元角分	百十万千百十元角分	百十万千百十元角分	百十万千百十元角分	百十万千百十元角分	百十万千百十元角分

______级科目______

______级科目______

年		凭证		摘要	(　)方发生额	明细项目						
月	日	种类	号数		百十万千百十元角分	百十万千百十元角分	百十万千百十元角分	百十万千百十元角分	百十万千百十元角分	百十万千百十元角分	百十万千百十元角分	百十万千百十元角分

生产成本明细分类账

总第____页次____页

年		凭证号数	摘要	借方发生额										明细项目																																					
月	日			千	百	十	万	千	百	十	元	角	分	千	百	十	万	千	百	十	元	角	分	千	百	十	万	千	百	十	元	角	分	千	百	十	万	千	百	十	元	角	分	千	百	十	万	千	百	十	元	角	分

生产成本明细分类账

总第______页次______页

年		凭证号数	摘要	借方发生额										明细项目																																					
月	日			千	百	十	万	千	百	十	元	角	分	千	百	十	万	千	百	十	元	角	分	千	百	十	万	千	百	十	元	角	分	千	百	十	万	千	百	十	元	角	分	千	百	十	万	千	百	十	元	角	分

应交税费—应交增值税明细分类账

总第______页

分第______页

年		凭证		摘要	借方				贷方			借或贷	余额
					合计	进项税额	已交税金	转出未交增值税	合计	销项税额	进项税额转出		
月	日	种类	号数		千 百 十 万 千 百 十 元 角 分	百 十 万 千 百 十 元 角 分	百 十 万 千 百 十 元 角 分	百 十 万 千 百 十 元 角 分	千 百 十 万 千 百 十 元 角 分	百 十 万 千 百 十 元 角 分	百 十 万 千 百 十 元 角 分		千 百 十 万 千 百 十 元 角 分

应交税费—应交增值税明细分类账

总第________页

分第________页

年		凭证		摘要	借方				贷方			借或贷	余额
					合计	进项税额	已交税金	转出未交增值税	合计	销项税额	进项税额转出		
月	日	种类	号数		千百十万千百十元角分	百十万千百十元角分	百十万千百十元角分	百十万千百十元角分	千百十万千百十元角分	百十万千百十元角分	百十万千百十元角分		千百十万千百十元角分

编号：		附件共　　张
记账凭证	收款	第　　号至　　号共　　张
	付款	第　　号至　　号共　　张
	转账	第　　号至　　号共　　张

科　目　汇　总　表

年　　月　　日至　　月　　日

会计科目	本期发生额汇总																				会计科目	本期发生额汇总																			
	借方										贷方											借方										贷方									
	千	百	十	万	千	百	十	元	角	分	千	百	十	万	千	百	十	元	角	分		千	百	十	万	千	百	十	元	角	分	千	百	十	万	千	百	十	元	角	分

财会主管　　　　　　记账　　　　　　复核　　　　　　制表

编号：		附件共 张
记账凭证	收款	第 号至 号共 张
	付款	第 号至 号共 张
	转账	第 号至 号共 张

科目汇总表

年 月 日至 月 日

会计科目	本期发生额汇总																				会计科目	本期发生额汇总																			
	借方										贷方											借方										贷方									
	千	百	十	万	千	百	十	元	角	分	千	百	十	万	千	百	十	元	角	分		千	百	十	万	千	百	十	元	角	分	千	百	十	万	千	百	十	元	角	分

财会主管　　　　记账　　　　复核　　　　制表

科 目 汇 总 表

年 月 日至 月 日

编号：		附件共 张
记账凭证	收款	第 号至 号共 张
	付款	第 号至 号共 张
	转账	第 号至 号共 张

会计科目	本期发生额汇总																				会计科目	本期发生额汇总																			
	借方										贷方											借方										贷方									
	千	百	十	万	千	百	十	元	角	分	千	百	十	万	千	百	十	元	角	分		千	百	十	万	千	百	十	元	角	分	千	百	十	万	千	百	十	元	角	分

财会主管　　记账　　复核　　制表

总分类账

总第______页

年		凭证号数	摘要	对账√	借方											贷方											借或贷	余额										
月	日				亿	千	百	十	万	千	百	十	元	角	分	亿	千	百	十	万	千	百	十	元	角	分		亿	千	百	十	万	千	百	十	元	角	分

总分类账

总第______页

年		凭证号数	摘要	对账√	借方											贷方											借或贷	余额										
月	日				亿	千	百	十	万	千	百	十	元	角	分	亿	千	百	十	万	千	百	十	元	角	分		亿	千	百	十	万	千	百	十	元	角	分

总分类账

总第________页

年		凭证号数	摘要	对账√	借方											贷方											借或贷	余额										
月	日				亿	千	百	十	万	千	百	十	元	角	分	亿	千	百	十	万	千	百	十	元	角	分		亿	千	百	十	万	千	百	十	元	角	分

总分类账

总第________页

年		凭证号数	摘要	对账√	借方											贷方											借或贷	余额										
月	日				亿	千	百	十	万	千	百	十	元	角	分	亿	千	百	十	万	千	百	十	元	角	分		亿	千	百	十	万	千	百	十	元	角	分

总分类账

总第______页

年		凭证号数	摘要	对账√	借方											贷方											借或贷	余额										
月	日				亿	千	百	十	万	千	百	十	元	角	分	亿	千	百	十	万	千	百	十	元	角	分		亿	千	百	十	万	千	百	十	元	角	分

总分类账

总第______页

年		凭证号数	摘要	对账√	借方											贷方											借或贷	余额										
月	日				亿	千	百	十	万	千	百	十	元	角	分	亿	千	百	十	万	千	百	十	元	角	分		亿	千	百	十	万	千	百	十	元	角	分

总分类账

总第______页

年		凭证号数	摘要	对账√	借方											贷方											借或贷	余额										
月	日				亿	千	百	十	万	千	百	十	元	角	分	亿	千	百	十	万	千	百	十	元	角	分		亿	千	百	十	万	千	百	十	元	角	分

总分类账

总第______页

年		凭证号数	摘要	对账√	借方											贷方											借或贷	余额										
月	日				亿	千	百	十	万	千	百	十	元	角	分	亿	千	百	十	万	千	百	十	元	角	分		亿	千	百	十	万	千	百	十	元	角	分

总分类账

总第_______页

年 月	日	凭证号数	摘要	对账√	借方	贷方	借或贷	余额
					亿千百十万千百十元角分	亿千百十万千百十元角分		亿千百十万千百十元角分

总分类账

总第_______页

年 月	日	凭证号数	摘要	对账√	借方	贷方	借或贷	余额
					亿千百十万千百十元角分	亿千百十万千百十元角分		亿千百十万千百十元角分

总分类账

总第＿＿＿＿页

年		凭证号数	摘要	对账√	借方											贷方											借或贷	余额										
月	日				亿	千	百	十	万	千	百	十	元	角	分	亿	千	百	十	万	千	百	十	元	角	分		亿	千	百	十	万	千	百	十	元	角	分

总分类账

总第＿＿＿＿页

年		凭证号数	摘要	对账√	借方											贷方											借或贷	余额										
月	日				亿	千	百	十	万	千	百	十	元	角	分	亿	千	百	十	万	千	百	十	元	角	分		亿	千	百	十	万	千	百	十	元	角	分

总分类账

总第______页

年		凭证号数	摘要	对账√	借方	贷方	借或贷	余额
月	日				亿千百十万千百十元角分	亿千百十万千百十元角分		亿千百十万千百十元角分

总分类账

总第______页

年		凭证号数	摘要	对账√	借方	贷方	借或贷	余额
月	日				亿千百十万千百十元角分	亿千百十万千百十元角分		亿千百十万千百十元角分

总分类账

总第______页

年		凭证号数	摘要	对账√	借方	贷方	借或贷	余额
月	日				亿千百十万千百十元角分	亿千百十万千百十元角分		亿千百十万千百十元角分

总分类账

总第______页

年		凭证号数	摘要	对账√	借方	贷方	借或贷	余额
月	日				亿千百十万千百十元角分	亿千百十万千百十元角分		亿千百十万千百十元角分

总分类账

总第________页

年		凭证号数	摘要	对账√	借方											贷方											借或贷	余额										
月	日				亿	千	百	十	万	千	百	十	元	角	分	亿	千	百	十	万	千	百	十	元	角	分		亿	千	百	十	万	千	百	十	元	角	分

总分类账

总第________页

年		凭证号数	摘要	对账√	借方											贷方											借或贷	余额										
月	日				亿	千	百	十	万	千	百	十	元	角	分	亿	千	百	十	万	千	百	十	元	角	分		亿	千	百	十	万	千	百	十	元	角	分

总分类账

总第______页

年		凭证号数	摘要	对账√	借方											贷方											借或贷	余额										
月	日				亿	千	百	十	万	千	百	十	元	角	分	亿	千	百	十	万	千	百	十	元	角	分		亿	千	百	十	万	千	百	十	元	角	分

总分类账

总第______页

年		凭证号数	摘要	对账√	借方											贷方											借或贷	余额										
月	日				亿	千	百	十	万	千	百	十	元	角	分	亿	千	百	十	万	千	百	十	元	角	分		亿	千	百	十	万	千	百	十	元	角	分

总分类账

总第______页

年		凭证号数	摘要	对账√	借方											贷方											借或贷	余额										
月	日				亿	千	百	十	万	千	百	十	元	角	分	亿	千	百	十	万	千	百	十	元	角	分		亿	千	百	十	万	千	百	十	元	角	分

总分类账

总第______页

年		凭证号数	摘要	对账√	借方											贷方											借或贷	余额										
月	日				亿	千	百	十	万	千	百	十	元	角	分	亿	千	百	十	万	千	百	十	元	角	分		亿	千	百	十	万	千	百	十	元	角	分

总分类账

总第＿＿＿＿页

年		凭证号数	摘要	对账√	借方											贷方											借或贷	余额										
月	日				亿	千	百	十	万	千	百	十	元	角	分	亿	千	百	十	万	千	百	十	元	角	分		亿	千	百	十	万	千	百	十	元	角	分

总分类账

总第＿＿＿＿页

年		凭证号数	摘要	对账√	借方											贷方											借或贷	余额										
月	日				亿	千	百	十	万	千	百	十	元	角	分	亿	千	百	十	万	千	百	十	元	角	分		亿	千	百	十	万	千	百	十	元	角	分

总分类账

总第______页

年		凭证号数	摘要	对账√	借方											贷方											借或贷	余额										
月	日				亿	千	百	十	万	千	百	十	元	角	分	亿	千	百	十	万	千	百	十	元	角	分		亿	千	百	十	万	千	百	十	元	角	分

总分类账

总第______页

年		凭证号数	摘要	对账√	借方											贷方											借或贷	余额										
月	日				亿	千	百	十	万	千	百	十	元	角	分	亿	千	百	十	万	千	百	十	元	角	分		亿	千	百	十	万	千	百	十	元	角	分

总分类账

总第______页

年		凭证号数	摘要	对账√	借方											贷方											借或贷	余额										
月	日				亿	千	百	十	万	千	百	十	元	角	分	亿	千	百	十	万	千	百	十	元	角	分		亿	千	百	十	万	千	百	十	元	角	分

总分类账

总第______页

年		凭证号数	摘要	对账√	借方											贷方											借或贷	余额										
月	日				亿	千	百	十	万	千	百	十	元	角	分	亿	千	百	十	万	千	百	十	元	角	分		亿	千	百	十	万	千	百	十	元	角	分

总分类账

总第____页

年		凭证号数	摘要	对账√	借方											贷方											借或贷	余额										
月	日				亿	千	百	十	万	千	百	十	元	角	分	亿	千	百	十	万	千	百	十	元	角	分		亿	千	百	十	万	千	百	十	元	角	分

总分类账

总第____页

年		凭证号数	摘要	对账√	借方											贷方											借或贷	余额										
月	日				亿	千	百	十	万	千	百	十	元	角	分	亿	千	百	十	万	千	百	十	元	角	分		亿	千	百	十	万	千	百	十	元	角	分

总分类账

总第______页

年		凭证号数	摘要	对账√	借方											贷方											借或贷	余额										
月	日				亿	千	百	十	万	千	百	十	元	角	分	亿	千	百	十	万	千	百	十	元	角	分		亿	千	百	十	万	千	百	十	元	角	分

总分类账

总第______页

年		凭证号数	摘要	对账√	借方											贷方											借或贷	余额										
月	日				亿	千	百	十	万	千	百	十	元	角	分	亿	千	百	十	万	千	百	十	元	角	分		亿	千	百	十	万	千	百	十	元	角	分

总分类账

总第______页

年		凭证号数	摘要	对账√	借方											贷方											借或贷	余额										
月	日				亿	千	百	十	万	千	百	十	元	角	分	亿	千	百	十	万	千	百	十	元	角	分		亿	千	百	十	万	千	百	十	元	角	分

总分类账

总第______页

年		凭证号数	摘要	对账√	借方											贷方											借或贷	余额										
月	日				亿	千	百	十	万	千	百	十	元	角	分	亿	千	百	十	万	千	百	十	元	角	分		亿	千	百	十	万	千	百	十	元	角	分

总分类账

总第______页

年		凭证号数	摘要	对账√	借方											贷方											借或贷	余额										
月	日				亿	千	百	十	万	千	百	十	元	角	分	亿	千	百	十	万	千	百	十	元	角	分		亿	千	百	十	万	千	百	十	元	角	分

总分类账

总第______页

年		凭证号数	摘要	对账√	借方											贷方											借或贷	余额										
月	日				亿	千	百	十	万	千	百	十	元	角	分	亿	千	百	十	万	千	百	十	元	角	分		亿	千	百	十	万	千	百	十	元	角	分

总分类账

总第________页

年		凭证号数	摘要	对账√	借方											贷方											借或贷	余额										
月	日				亿	千	百	十	万	千	百	十	元	角	分	亿	千	百	十	万	千	百	十	元	角	分		亿	千	百	十	万	千	百	十	元	角	分

总分类账

总第________页

年		凭证号数	摘要	对账√	借方											贷方											借或贷	余额										
月	日				亿	千	百	十	万	千	百	十	元	角	分	亿	千	百	十	万	千	百	十	元	角	分		亿	千	百	十	万	千	百	十	元	角	分

总分类账

总第______页

年		凭证号数	摘要	对账√	借方											贷方											借或贷	余额										
月	日				亿	千	百	十	万	千	百	十	元	角	分	亿	千	百	十	万	千	百	十	元	角	分		亿	千	百	十	万	千	百	十	元	角	分

总分类账

总第______页

年		凭证号数	摘要	对账√	借方											贷方											借或贷	余额										
月	日				亿	千	百	十	万	千	百	十	元	角	分	亿	千	百	十	万	千	百	十	元	角	分		亿	千	百	十	万	千	百	十	元	角	分

总分类账

总第______页

年		凭证号数	摘要	对账√	借方											贷方											借或贷	余额										
月	日				亿	千	百	十	万	千	百	十	元	角	分	亿	千	百	十	万	千	百	十	元	角	分		亿	千	百	十	万	千	百	十	元	角	分

总分类账

总第______页

年		凭证号数	摘要	对账√	借方											贷方											借或贷	余额										
月	日				亿	千	百	十	万	千	百	十	元	角	分	亿	千	百	十	万	千	百	十	元	角	分		亿	千	百	十	万	千	百	十	元	角	分

总分类账

总第______页

年		凭证号数	摘要	对账√	借方											贷方											借或贷	余额										
月	日				亿	千	百	十	万	千	百	十	元	角	分	亿	千	百	十	万	千	百	十	元	角	分		亿	千	百	十	万	千	百	十	元	角	分

总分类账

总第______页

年		凭证号数	摘要	对账√	借方											贷方											借或贷	余额										
月	日				亿	千	百	十	万	千	百	十	元	角	分	亿	千	百	十	万	千	百	十	元	角	分		亿	千	百	十	万	千	百	十	元	角	分

总分类账

总第＿＿＿＿页

年		凭证号数	摘要	对账√	借方											贷方											借或贷	余额										
月	日				亿	千	百	十	万	千	百	十	元	角	分	亿	千	百	十	万	千	百	十	元	角	分		亿	千	百	十	万	千	百	十	元	角	分

总分类账

总第＿＿＿＿页

年		凭证号数	摘要	对账√	借方											贷方											借或贷	余额										
月	日				亿	千	百	十	万	千	百	十	元	角	分	亿	千	百	十	万	千	百	十	元	角	分		亿	千	百	十	万	千	百	十	元	角	分

总分类账

总第______页

年		凭证号数	摘要	对账√	借方											贷方											借或贷	余额										
月	日				亿	千	百	十	万	千	百	十	元	角	分	亿	千	百	十	万	千	百	十	元	角	分		亿	千	百	十	万	千	百	十	元	角	分

总分类账

总第______页

年		凭证号数	摘要	对账√	借方											贷方											借或贷	余额										
月	日				亿	千	百	十	万	千	百	十	元	角	分	亿	千	百	十	万	千	百	十	元	角	分		亿	千	百	十	万	千	百	十	元	角	分

总分类账

总第______页

年		凭证号数	摘要	对账√	借方											贷方											借或贷	余额										
月	日				亿	千	百	十	万	千	百	十	元	角	分	亿	千	百	十	万	千	百	十	元	角	分		亿	千	百	十	万	千	百	十	元	角	分

总分类账

总第______页

年		凭证号数	摘要	对账√	借方											贷方											借或贷	余额										
月	日				亿	千	百	十	万	千	百	十	元	角	分	亿	千	百	十	万	千	百	十	元	角	分		亿	千	百	十	万	千	百	十	元	角	分

总分类账

总第______页

年		凭证号数	摘要	对账√	借方											贷方											借或贷	余额										
月	日				亿	千	百	十	万	千	百	十	元	角	分	亿	千	百	十	万	千	百	十	元	角	分		亿	千	百	十	万	千	百	十	元	角	分

总分类账

总第______页

年		凭证号数	摘要	对账√	借方											贷方											借或贷	余额										
月	日				亿	千	百	十	万	千	百	十	元	角	分	亿	千	百	十	万	千	百	十	元	角	分		亿	千	百	十	万	千	百	十	元	角	分

总分类账

总第______页

年		凭证号数	摘要	对账√	借方											贷方											借或贷	余额										
月	日				亿	千	百	十	万	千	百	十	元	角	分	亿	千	百	十	万	千	百	十	元	角	分		亿	千	百	十	万	千	百	十	元	角	分

总分类账

总第______页

年		凭证号数	摘要	对账√	借方											贷方											借或贷	余额										
月	日				亿	千	百	十	万	千	百	十	元	角	分	亿	千	百	十	万	千	百	十	元	角	分		亿	千	百	十	万	千	百	十	元	角	分

总分类账

总第______页

年		凭证号数	摘要	对账√	借方											贷方											借或贷	余额										
月	日				亿	千	百	十	万	千	百	十	元	角	分	亿	千	百	十	万	千	百	十	元	角	分		亿	千	百	十	万	千	百	十	元	角	分

总分类账

总第______页

年		凭证号数	摘要	对账√	借方											贷方											借或贷	余额										
月	日				亿	千	百	十	万	千	百	十	元	角	分	亿	千	百	十	万	千	百	十	元	角	分		亿	千	百	十	万	千	百	十	元	角	分

总分类账

总第________页

年		凭证号数	摘要	对账√	借方											贷方											借或贷	余额										
月	日				亿	千	百	十	万	千	百	十	元	角	分	亿	千	百	十	万	千	百	十	元	角	分		亿	千	百	十	万	千	百	十	元	角	分

总分类账

总第________页

年		凭证号数	摘要	对账√	借方											贷方											借或贷	余额										
月	日				亿	千	百	十	万	千	百	十	元	角	分	亿	千	百	十	万	千	百	十	元	角	分		亿	千	百	十	万	千	百	十	元	角	分

总分类账

总第______页

年		凭证号数	摘要	对账√	借方											贷方											借或贷	余额										
月	日				亿	千	百	十	万	千	百	十	元	角	分	亿	千	百	十	万	千	百	十	元	角	分		亿	千	百	十	万	千	百	十	元	角	分

总分类账

总第______页

年		凭证号数	摘要	对账√	借方											贷方											借或贷	余额										
月	日				亿	千	百	十	万	千	百	十	元	角	分	亿	千	百	十	万	千	百	十	元	角	分		亿	千	百	十	万	千	百	十	元	角	分

总分类账

总第＿＿＿＿页

年		凭证号数	摘要	对账√	借方											贷方											借或贷	余额										
月	日				亿	千	百	十	万	千	百	十	元	角	分	亿	千	百	十	万	千	百	十	元	角	分		亿	千	百	十	万	千	百	十	元	角	分

总分类账

总第＿＿＿＿页

年		凭证号数	摘要	对账√	借方											贷方											借或贷	余额										
月	日				亿	千	百	十	万	千	百	十	元	角	分	亿	千	百	十	万	千	百	十	元	角	分		亿	千	百	十	万	千	百	十	元	角	分

总分类账

总第______页

年		凭证号数	摘要	对账√	借方											贷方											借或贷	余额										
月	日				亿	千	百	十	万	千	百	十	元	角	分	亿	千	百	十	万	千	百	十	元	角	分		亿	千	百	十	万	千	百	十	元	角	分

总分类账

总第______页

年		凭证号数	摘要	对账√	借方											贷方											借或贷	余额										
月	日				亿	千	百	十	万	千	百	十	元	角	分	亿	千	百	十	万	千	百	十	元	角	分		亿	千	百	十	万	千	百	十	元	角	分

总分类账

总第______页

年		凭证号数	摘要	对账√	借方											贷方											借或贷	余额										
月	日				亿	千	百	十	万	千	百	十	元	角	分	亿	千	百	十	万	千	百	十	元	角	分		亿	千	百	十	万	千	百	十	元	角	分

总分类账

总第______页

年		凭证号数	摘要	对账√	借方											贷方											借或贷	余额										
月	日				亿	千	百	十	万	千	百	十	元	角	分	亿	千	百	十	万	千	百	十	元	角	分		亿	千	百	十	万	千	百	十	元	角	分

总分类账

总第______页

年		凭证号数	摘要	对账√	借方											贷方											借或贷	余额										
月	日				亿	千	百	十	万	千	百	十	元	角	分	亿	千	百	十	万	千	百	十	元	角	分		亿	千	百	十	万	千	百	十	元	角	分

总分类账

总第______页

年		凭证号数	摘要	对账√	借方											贷方											借或贷	余额										
月	日				亿	千	百	十	万	千	百	十	元	角	分	亿	千	百	十	万	千	百	十	元	角	分		亿	千	百	十	万	千	百	十	元	角	分

总分类账

总第________页

年		凭证号数	摘要	对账√	借方											贷方											借或贷	余额										
月	日				亿	千	百	十	万	千	百	十	元	角	分	亿	千	百	十	万	千	百	十	元	角	分		亿	千	百	十	万	千	百	十	元	角	分

总分类账

总第________页

年		凭证号数	摘要	对账√	借方											贷方											借或贷	余额										
月	日				亿	千	百	十	万	千	百	十	元	角	分	亿	千	百	十	万	千	百	十	元	角	分		亿	千	百	十	万	千	百	十	元	角	分

总分类账

总第________页

年		凭证号数	摘要	对账√	借方											贷方											借或贷	余额										
月	日				亿	千	百	十	万	千	百	十	元	角	分	亿	千	百	十	万	千	百	十	元	角	分		亿	千	百	十	万	千	百	十	元	角	分

总分类账

总第________页

年		凭证号数	摘要	对账√	借方											贷方											借或贷	余额										
月	日				亿	千	百	十	万	千	百	十	元	角	分	亿	千	百	十	万	千	百	十	元	角	分		亿	千	百	十	万	千	百	十	元	角	分

总分类账

总第____页

年		凭证号数	摘要	对账√	借方											贷方											借或贷	余额										
月	日				亿	千	百	十	万	千	百	十	元	角	分	亿	千	百	十	万	千	百	十	元	角	分		亿	千	百	十	万	千	百	十	元	角	分

总分类账

总第____页

年		凭证号数	摘要	对账√	借方											贷方											借或贷	余额										
月	日				亿	千	百	十	万	千	百	十	元	角	分	亿	千	百	十	万	千	百	十	元	角	分		亿	千	百	十	万	千	百	十	元	角	分

总分类账

总第________页

年		凭证号数	摘要	对账√	借方											贷方											借或贷	余额										
月	日				亿	千	百	十	万	千	百	十	元	角	分	亿	千	百	十	万	千	百	十	元	角	分		亿	千	百	十	万	千	百	十	元	角	分

总分类账

总第________页

年		凭证号数	摘要	对账√	借方											贷方											借或贷	余额										
月	日				亿	千	百	十	万	千	百	十	元	角	分	亿	千	百	十	万	千	百	十	元	角	分		亿	千	百	十	万	千	百	十	元	角	分

总分类账

总第________页

年		凭证号数	摘要	对账√	借方											贷方											借或贷	余额										
月	日				亿	千	百	十	万	千	百	十	元	角	分	亿	千	百	十	万	千	百	十	元	角	分		亿	千	百	十	万	千	百	十	元	角	分

总分类账

总第________页

年		凭证号数	摘要	对账√	借方											贷方											借或贷	余额										
月	日				亿	千	百	十	万	千	百	十	元	角	分	亿	千	百	十	万	千	百	十	元	角	分		亿	千	百	十	万	千	百	十	元	角	分

总分类账

总第______页

年		凭证号数	摘要	对账√	借方											贷方											借或贷	余额										
月	日				亿	千	百	十	万	千	百	十	元	角	分	亿	千	百	十	万	千	百	十	元	角	分		亿	千	百	十	万	千	百	十	元	角	分

总分类账

总第______页

年		凭证号数	摘要	对账√	借方											贷方											借或贷	余额										
月	日				亿	千	百	十	万	千	百	十	元	角	分	亿	千	百	十	万	千	百	十	元	角	分		亿	千	百	十	万	千	百	十	元	角	分

总分类账

总第______页

年		凭证号数	摘要	对账√	借方											贷方											借或贷	余额										
月	日				亿	千	百	十	万	千	百	十	元	角	分	亿	千	百	十	万	千	百	十	元	角	分		亿	千	百	十	万	千	百	十	元	角	分

总分类账

总第______页

年		凭证号数	摘要	对账√	借方											贷方											借或贷	余额										
月	日				亿	千	百	十	万	千	百	十	元	角	分	亿	千	百	十	万	千	百	十	元	角	分		亿	千	百	十	万	千	百	十	元	角	分

总分类账

总第________页

年		凭证号数	摘要	对账√	借方											贷方											借或贷	余额										
月	日				亿	千	百	十	万	千	百	十	元	角	分	亿	千	百	十	万	千	百	十	元	角	分		亿	千	百	十	万	千	百	十	元	角	分

总分类账

总第________页

年		凭证号数	摘要	对账√	借方											贷方											借或贷	余额										
月	日				亿	千	百	十	万	千	百	十	元	角	分	亿	千	百	十	万	千	百	十	元	角	分		亿	千	百	十	万	千	百	十	元	角	分

总分类账

总第______页

年		凭证号数	摘要	对账√	借方											贷方											借或贷	余额										
月	日				亿	千	百	十	万	千	百	十	元	角	分	亿	千	百	十	万	千	百	十	元	角	分		亿	千	百	十	万	千	百	十	元	角	分

总分类账

总第______页

年		凭证号数	摘要	对账√	借方											贷方											借或贷	余额										
月	日				亿	千	百	十	万	千	百	十	元	角	分	亿	千	百	十	万	千	百	十	元	角	分		亿	千	百	十	万	千	百	十	元	角	分

总分类账

总第＿＿＿＿页

年		凭证号数	摘要	对账√	借方											贷方											借或贷	余额										
月	日				亿	千	百	十	万	千	百	十	元	角	分	亿	千	百	十	万	千	百	十	元	角	分		亿	千	百	十	万	千	百	十	元	角	分

总分类账

总第＿＿＿＿页

年		凭证号数	摘要	对账√	借方											贷方											借或贷	余额										
月	日				亿	千	百	十	万	千	百	十	元	角	分	亿	千	百	十	万	千	百	十	元	角	分		亿	千	百	十	万	千	百	十	元	角	分

总分类账

总第____页

年		凭证号数	摘要	对账√	借方											贷方											借或贷	余额										
月	日				亿	千	百	十	万	千	百	十	元	角	分	亿	千	百	十	万	千	百	十	元	角	分		亿	千	百	十	万	千	百	十	元	角	分

总分类账

总第____页

年		凭证号数	摘要	对账√	借方											贷方											借或贷	余额										
月	日				亿	千	百	十	万	千	百	十	元	角	分	亿	千	百	十	万	千	百	十	元	角	分		亿	千	百	十	万	千	百	十	元	角	分

总分类账

总第________页

年		凭证号数	摘要	对账√	借方											贷方											借或贷	余额										
月	日				亿	千	百	十	万	千	百	十	元	角	分	亿	千	百	十	万	千	百	十	元	角	分		亿	千	百	十	万	千	百	十	元	角	分

总分类账

总第________页

年		凭证号数	摘要	对账√	借方											贷方											借或贷	余额										
月	日				亿	千	百	十	万	千	百	十	元	角	分	亿	千	百	十	万	千	百	十	元	角	分		亿	千	百	十	万	千	百	十	元	角	分

资产负债表

编制单位：　　　　　　　　　　　年　　月　　日　　　　　　　　　　单位：元

资产	行次	期末余额	上年年末余额	负债和所有者权益（或股东权益）	行次	期末余额	上年年末余额
流动资产：				流动负债：			
货币资金	1			短期借款	35		
交易性金融资产	2			交易性金融负债	36		
衍生金融资产	3			衍生金融负债	37		
应收票据	4			应付票据	38		
应收账款	5			应付账款	39		
应收款项融资	6			预收款项	40		
预付款项	7			合同负债	41		
其他应收款	8			应付职工薪酬	42		
存货	9			应交税费	43		
合同资产	10			其他应付款	44		
持有待售资产	11			一年内到期的非流动负债	45		
一年内到期的非流动资产	12			其他流动负债	46		
其他流动资产	13			流动负债合计	47		
流动资产合计	14			非流动负债：			
非流动资产：				长期借款	48		
债权投资	15			应付债券	49		
其他债权投资	16			其中：优先股	50		
长期应收款	17			永续债	51		
长期股权投资	18			长期应付款	52		
其他权益工具投资	19			预计负债	53		
其他非流动金融资产	20			递延收益	54		
投资性房地产	21			递延所得税负债	55		
固定资产	22			其他非流动负债	56		
在建工程	23			非流动负债合计	57		
生产性生物资产	24			负债合计	58		
油气资产	25			所有者权益（或股东权益）：			
使用权资产	26			实收资本（或股本）	59		
无形资产	27			其他权益工具	60		
开发支出	28			其中：优先股	61		
商誉	29			永续债	62		
长期待摊费用	30			资本公积	63		
递延所得税资产	31			减：库存股	64		
其他非流动资产	32			其他综合收益	65		
非流动资产合计	33			专项储备	66		
				盈余公积	67		
				本年利润	68		
				未分配利润	69		
				所有者权益（或股东权益）合计	70		
资产总计	34			负债及所有者权益总计	71		

单位负责人：　　　　　　　　主管会计工作负责人：　　　　　　　　会计机构负责人：

利　润　表

编制单位：　　　　　　　　　　年　　月　　　　　　　　　　单位：元

项　　目	本期金额	上期金额
一、营业收入		
减：营业成本		
税金及附加		
销售费用		
管理费用		
研发费用		
财务费用		
其中：利息费用		
利息收入		
加：其他收益		
投资收益（损失以“－”号填列）		
其中：对联营企业和合营企业的投资收益		
以摊余成本计量的金融资产终止确认收益（损失以“－”号填列）		
净敞口套期收益（损失以“－”号填列）		
公允价值变动收益（损失以“－”号填列）		
信用减值损失（损失以“－”号填列）		
资产减值损失（损失以“－”号填列）		
资产处置收益（损失以“－”号填列）		
二、营业利润（亏损以“－”号填列）		
加：营业外收入		
减：营业外支出		
三、利润总额（亏损总额以“－”号填列）		
减：所得税费用		
四、净利润（净亏损以“－”号填列）		
（一）持续经营净利润（净亏损以“－”号填列）		
（二）终止经营净利润（净亏损以“－”号填列）		
五、其他综合收益的税后净额		
（一）不能重分类进损益的其他综合收益		
1. 重新计量设定受益计划变动额		
2. 权益法下不能转损益的其他综合收益		
3. 其他权益工具投资公允价值变动		
4. 企业自身信用风险公允价值变动		
（二）将重分类进损益的其他综合收益		
1. 权益法下可转损益的其他综合收益		
2. 其他债权投资公允价值变动		
3. 金融资产重分类计入其他综合收益的金额		
4. 其他债权投资信用减值准备		
5. 现金流量套期储备		
6. 外币财务报表折算差额		
六、综合收益总额		
七、每股收益：		
（一）基本每股收益		
（二）稀释每股收益		